"十四五"时期国家重点出版物出版专项规划项目

★ 转型时代的中国财经战略论丛 ◢

中国城市制造业集聚对企业创新的影响

——从静态到动态的扩展研究

Impact of Manufacturing Industry Agglomeration in
Chinese Cities on Enterprise Innovation
—Expanding Research from Static to Dynamic

万道侠　著

中国财经出版传媒集团

经济科学出版社
Economic Science Press

图书在版编目（CIP）数据

中国城市制造业集聚对企业创新的影响：从静态到动态的扩展研究/万道侠著. -- 北京：经济科学出版社，2023.2

（转型时代的中国财经战略论丛）

ISBN 978 - 7 - 5218 - 4517 - 4

Ⅰ.①中…　Ⅱ.①万…　Ⅲ.①制造工业 - 企业创新 - 研究 - 中国　Ⅳ.①F426.4

中国国家版本馆 CIP 数据核字（2023）第 024607 号

责任编辑：郎　晶
责任校对：王苗苗
责任印制：范　艳

中国城市制造业集聚对企业创新的影响
——从静态到动态的扩展研究
万道侠　著
经济科学出版社出版、发行　新华书店经销
社址：北京市海淀区阜成路甲 28 号　邮编：100142
总编部电话：010 - 88191217　发行部电话：010 - 88191522
网址：www. esp. com. cn
电子邮箱：esp@ esp. com. cn
天猫网店：经济科学出版社旗舰店
网址：http://jjkxcbs. tmall. com
北京季蜂印刷有限公司印装
710×1000　16 开　12.25 印张　195000 字
2023 年 4 月第 1 版　2023 年 4 月第 1 次印刷
ISBN 978 - 7 - 5218 - 4517 - 4　定价：52.00 元
（图书出现印装问题，本社负责调换。电话：010 - 88191545）
（版权所有　侵权必究　打击盗版　举报热线：010 - 88191661
QQ：2242791300　营销中心电话：010 - 88191537
电子邮箱：dbts@ esp. com. cn）

总　序

　　"转型时代的中国财经战略论丛"是山东财经大学与经济科学出版社在"十三五"系列学术著作的基础上，在"十四五"期间继续合作推出的系列学术著作，属于"'十四五'时期国家重点出版物出版专项规划项目"。

　　自 2016 年起，山东财经大学就开始资助该系列学术著作的出版，至今已走过 6 个春秋，期间共资助出版了 122 部学术著作。这些著作的选题绝大部分隶属于经济学和管理学范畴，同时也涉及法学、艺术学、文学、教育学和理学等领域，有力地推动了我校经济学、管理学和其他学科门类的发展，促进了我校科学研究事业的进一步繁荣发展。

　　山东财经大学是财政部、教育部和山东省人民政府共同建设的高校，2011 年由原山东经济学院和原山东财政学院合并筹建，2012 年正式揭牌成立。学校现有专任教师 1690 人，其中教授 261 人、副教授 625 人。专任教师中具有博士学位的 982 人，其中入选青年长江学者 3 人、国家"万人计划"等国家级人才 11 人、全国五一劳动奖章获得者 1 人、"泰山学者"工程等省级人才 28 人，入选教育部教学指导委员会委员 8 人、全国优秀教师 16 人、省级教学名师 20 人。近年来，学校紧紧围绕建设全国一流财经特色名校的战略目标，以稳规模、优结构、提质量、强特色为主线，不断深化改革创新，整体学科实力跻身全国财经高校前列，经管类学科竞争力居省属高校首位。学校现拥有一级学科博士点 4 个，一级学科硕士点 11 个，硕士专业学位类别 20 个，博士后科研流动站 1 个。在全国第四轮学科评估中，应用经济学、工商管理获 B＋，管理科学与工程、公共管理获 B－，B＋以上学科数位居省属高校前三甲，学科实力进入全国财经高校前十。2016 年以来，学校聚焦内涵式发展，全面实施了科研强校战略，取得了可喜成绩。获批国家级课题项目 241 项，教育部及其他省部级课题项目 390 项，承担各级各类横向课题 445 项；教师共发表高水平学术论文 3700 余篇，出版著作 323 部。同时，新增了山东省重点实验室、山东省重点新型智库、山东省社科理论重点研究基地、山东省协同创新中心、山东省工程技术研究中心、山东省两化融合促进中心等科研平台。学校的发展为教师从事科学研究提供了广阔的平台，创造了更加良好的学术生态。

"十四五"时期是我国由全面建成小康社会向基本实现社会主义现代化迈进的关键时期，也是我校合校以来第二个十年的跃升发展期。今年党的二十大的胜利召开为学校高质量发展指明了新的方向，建校 70 周年暨合并建校 10 周年校庆也为学校内涵式发展注入了新的活力。作为"十四五"时期国家重点出版物出版专项规划项目，"转型时代的中国财经战略论丛"将继续坚持以马克思列宁主义、毛泽东思想、邓小平理论、"三个代表"重要思想、科学发展观、习近平新时代中国特色社会主义思想为指导，结合《中共中央关于制定国民经济和社会发展第十四个五年规划和二〇三五年远景目标的建议》以及党的二十大精神，将国家"十四五"期间重大财经战略作为重点选题，积极开展基础研究和应用研究。

"十四五"时期的"转型时代的中国财经战略论丛"将进一步体现鲜明的时代特征、问题导向和创新意识，着力推出反映我校学术前沿水平、体现相关领域高水准的创新性成果，更好地服务我校一流学科和高水平大学建设，展现我校财经特色名校工程建设成效。通过向广大教师提供进一步的出版资助，鼓励我校广大教师潜心治学，扎实研究，在基础研究上密切跟踪国内外学术发展和学科建设的前沿与动态，着力推进学科体系、学术体系和话语体系建设与创新；在应用研究上立足党和国家事业发展需要，聚焦经济社会发展中的全局性、战略性和前瞻性的重大理论与实践问题，力求提出一些具有现实性、针对性和较强参考价值的思路和对策。

山东财经大学校长

2022 年 10 月 28 日

目　录

第1章 绪 论

1.1 研究背景、问题的提出与研究意义

1.1.1 研究背景

20 世纪 80 年代中后期，致力于发展劳动密集型制造业的中国产业政策，旨在充分利用本土劳动力的比较优势参与国际分工，以出口导向拉动经济增长，推动了制造业产业集聚的发展。产业集聚在 20 世纪 90 年代以后得到了快速发展，产业集聚的区域增长效应逐渐显现。21 世纪以后，随着全球化的发展和中国经济实力的提升，劳动力的相对价格上涨，传统的劳动密集型产业逐渐失去其比较优势，发展具有创新优势的高新技术产业集聚成为中国各级政府的普遍选择。产业政策目标转变为促进产业结构调整升级、防止盲目投资与抑制部分产业的产能过剩和重复建设，以创新引领产业的转型升级。

可以看出，中国的产业政策在不同发展阶段的政策目标不同，但从实施的方式来看，普遍以税收减免、融资支撑、低价土地、财政补贴等各种"选择性"产业优惠政策（王永培、晏维龙，2014；赵勇、魏后凯，2015；孙晓华、郭旭，2015；李彦龙，2018）以及目录指导、市场准入、项目审批与核准等行政性直接干预为主（魏后凯，2009；江飞涛、李晓萍，2010；张杰、宣璐，2016；钱雪松等，2018）。产业政策的出台与实施及对产业结构优化升级的推进作用还取决于地方政府能力（韩永辉等，2017）。相关研究也表明，体现普惠性与促进市场竞争的

产业政策能够激励企业创新，改善企业间的资源配置效率，发挥企业进入与退出市场对加总生产率的促进作用（戴小勇、成力为，2019）。

近年来，中国各级政府注意到传统的"选择性"产业政策存在扰乱市场资源配置效率、限制公平竞争及引发要素过度集聚等弊端，并逐渐认识到了公平竞争在市场体系中的重要作用。2016 年 6 月 1 日，国务院印发了《关于在市场体系建设中建立公平竞争审查制度的意见》，旨在规范政府有关行为，防止出台排除、限制竞争的政策措施，逐步清理和废除妨碍全国统一市场、公平竞争的规定和做法。伴随着公平竞争审查制度的推进，传统的"选择性""特惠"的产业政策开始向"功能性""普惠"产业政策转变：产业集聚的政策发展逐步迈入后"政策租"时代。

伴随着中国产业集聚政策的演变，产业集聚在地方政府的推行过程中取得了一定的成效，但同时也存在一些问题。首先，产业集聚政策在其制定过程中存在明显的政府和市场功能界定不清的问题，这使得产业集聚的形成和发展与市场经济所要求的公平竞争原则相背离。大量的客观事实表明，各级政府在产业政策的制定和运用中并非基于本地要素资源禀赋及本地的比较优势条件，而是政府直接选择或直接干预，通过对生产要素多重扭曲，为企业的集聚营造低成本竞争的生存环境，使企业规模快速扩张（张杰、宣璐，2016）。其次，产业集聚政策在实行过程中遭遇了来自行政体制和官员晋升体制的约束和影响，使得产业集聚的发展与创新驱动引领产业结构转型升级的政策目标相背离。在中国的行政体制中，地方政府中的主要官员充分掌握要素分配权利，以国内生产总值（GDP）锦标赛为核心的官员晋升考核和提拔体制促使官员在任期内通过各种优惠政策以及管制的放松刺激产业要素的快速集聚，以获取短期内 GDP 的快速增长（毛其淋，2013）。围绕着短期内实现 GDP 增长的产业集聚目标，这种自上而下的产业政策的推行违背了旨在提升经济增长质量和自主创新能力的长期产业政策目标。随着官员的变更和升迁，产业集聚发展政策的可持续性将被打破。

国内学术界对产业集聚政策推行的效果普遍持两种态度，即产业集聚的正外部性效应占据主导地位还是产业集聚的负外部性效应占据主导地位，反响不一，这使得产业集聚的创新效应未能得到统一的结论。第一种观点认为政府干预破坏了产业集聚的自我演化机能，扰乱了市场在资源配置中的作用机制，使得区内的企业整体面临资源配置扭曲的制度约束，导致产业要素过度集聚，引发了交通拥挤、土地及劳动力要素成本上升、环境污染等问题（即"拥挤效应"），进而对企业生产率或企业创新产生负面影响（吴敏、黄玖立，2017；彭红星、王国顺，2018）。而另一种观点则认为诸如税收激励和政府补贴为代表的产业政策显著提高了企业创新的动力，表现为促进了企业创新（余明桂等，2016；陈强远等，2020）。

1.1.2 问题的提出

得益于过去 30 多年中国产业政策的推行和实施，中国制造业产业集聚得到了快速的成长和发展。但随着产业集聚区规模的壮大发展，由于推行和实施不当引发的问题也逐渐暴露出来，典型的如企业"空间扎堆"引发的产品同质、要素市场扭曲、恶性竞争等问题。产业要素过度集聚引发的交通拥挤、土地及劳动力要素成本上升、环境污染等问题也逐渐凸显。然而，产业集聚之所以能够产生、发展及推动经济增长，关键在于其拥有非集聚企业无法比拟的竞争力，即创新优势（吴利学、魏后凯，2004）。这里就提出新问题：产业集聚作为企业寻求利润来源的有利空间组织，对企业创新的影响效应是否因为普遍存在的"政策租"而发生改变？

产业集聚的动态演化会随着企业进入退出动态而改变。一个相对孤立的产业集聚，可能会因为企业进入退出的固化而进入一个自我锁定的发展状态，使得它对于企业的吸引力仅限于初期的发展阶段或者仅满足于低成本竞争的战略选择。这种状态的持续，会导致整个集聚区趋于自我封闭、衰退并且丧失创新活力。因此，有必要从企业动态角度研究产业集聚动态演化对企业创新的影响，这也是本书进行扩展研究的现实背景。

由此提出本书的第二个问题：当"政策租"淡化以后，产业集聚自身的吸引力越来越成为企业动态需要衡量的因素，那么，产业集聚的优势能否得到释放？进一步，企业进入动态对产业集聚的选择，会对不同类型产业集聚的企业创新效应产生怎么样的影响？产业集聚是否会因为企业动态而强化相互之间的创新差异性？承担着地方政府竞争目标的产业集聚应如何有效地争取企业的入驻，才能使地区发展走向良性循环的轨道？

1.1.3 研究意义

产业集聚对企业创新的影响在过去的 20 多年里一直是城市经济及区域经济领域内的重要议题。伴随着新古典经济理论、新经济地理学理论、演化经济地理学理论及"新"新经济地理学理论的发展和演变，有关产业集聚对创新影响的研究内容也在不断地细化和深化。特别是，伴随着演化经济地理学的发展，传统的"二分法"分析框架已经不足以追踪前沿。本书以中国城市制造业集聚为主体，研究其对企业创新的影响，并从静态研究向动态研究扩展。在追踪理论前沿及创新驱动经济增长成为时代主旋律的背景下，本书不仅可以进一步推动理论研究的发展，还能够为中国制造业产业摆脱转型升级的困境提供政策启示，不管是在理论上还是在实践上均具有重要意义。

1. 理论意义

首先，20 世纪 90 年代以来，大量的文献研究了产业集聚对企业创新和城市经济增长的影响（Glaeser et al.，1992；Henderson et al.，1995；Soest et al.，2002；Lee et al.，2005；Martin et al.，2008；Malpezzi，2010；彭向、蒋传海，2011；Zhang，2015）。然而，产业集聚究竟是以怎样的方式作用于企业创新则涉及得相对较少。

其次，产业的竞争环境是动态可变的，有关产业集聚对企业创新影响的研究需从"静态"向"动态"进一步扩展。大部分研究关注于产业集聚对企业创新乃至经济增长的影响效应，并未将企业动态因素及其对不同类型产业集聚演化的影响考虑进来。本书将此类不考虑企业动态与产业集聚演化因素条件下产业集聚对企业创新的影响的研究定义为"静态研究"；将考虑企业动态因素下不同类型产业集聚演化及其对企业创新的影响的研究定义为"动态研究"。

2. 现实意义

传统以"人口红利"驱动经济增长的模式已无法支撑较高的经济增长速度，党的十八大已明确强调未来要坚持走中国特色自主创新道路、实施创新驱动发展战略。从国家创新、城市创新、产业创新，再到"大众创业，万众创新"无不彰显出创新是当代中国发展的主旋律。那么，以中国的政治体制和经济转型为现实背景，产业集聚对企业创新的影响这一研究主题被赋予了新意义。

首先，产业集聚在中国产业政策推行以来得到了快速的发展，而产业集聚对企业创新的影响效应则反映了依存于普遍存在的"政策租"成长起来的产业集聚的质量究竟如何。这既是对以往产业政策效果的评估，也能够为未来产业发展提供现实指导意义。当然，还要考虑到不同的城市、不同产业甚至不同的微观企业存在很大的异质性特征，产业集聚对企业创新影响效应的评估也应有所区别，从而能够具体到不同城市、不同产业政策的推行效果和未来发展方向。特别是不同空间构成的产业集聚对企业创新存在的差异性影响，对当前产业结构的调整升级更具有现实意义。

其次，在越来越市场化和产业政策渐进转变的背景下，产业集聚本身面临着竞争加剧的考验，考虑企业动态对产业集聚区的选择和影响具有非常重要的实际意义。如果承担着地方政府竞争目标的产业集聚能够有效地吸引企业的入驻，或者说对于企业动态保持着长期的"吸力"，那么，整个产业集聚可能在市场选择下成长，进而实现产业升级。因此，企业动态及其影响下产业集聚对企业创新的影响不可忽视。对以上问题的研究，不仅可以为解释产业集聚如何影响企业创新提供一个新的研究角度，还将为解释现实经济中因企业动态固化所导致的集聚升级受阻等问题从企业动态的角度提供新思路。

最后，对企业创新模式"锁定"的分析，从企业"创新惰性"的形成原因的角度对中国城市制造业集聚影响企业创新这一研究主题提供新的现实解释。另外，地方政府在增强产业集聚市场力量方面的积极介入（诸如市场管制、产权保护和简政放权）对于有效地争取企业的入驻改善集聚区创新环境，使得地区发展走向良性循环的轨道也具有重要的指导意义。这部分的研究结论为激发企业创新活性、促进产业转型升级、规范与转变政府行为进而实现集聚条件下的创新驱动发展提供了有益的启示。

1.2 研究思路、研究内容与研究方法

1.2.1 研究思路

本书研究的基本思路遵循提出问题、分析问题和解决问题的路径。

问题1：产业集聚作为企业寻求利润来源的有利空间组织，对企业创新的影响效应是否因普遍存在的"政策租"而发生改变？首先，本书在文献综述的基础上构建了有关产业集聚与在位企业创新的理论模型，推导出二者之间的关系。其次，根据相关文献研究（包括理论分析和经验研究），对产业集聚条件下两种创新效应的形成机制进行了分析。在此基础上，从企业寻租这一中间路径对中国城市制造业产业集聚条件下企业创新模式的锁定及企业"创新惰性"的形成原因进行进一步分析。再次，提出了关于中国城市制造业集聚与在位企业创新率之间关系及其中间影响机制的研究假说。最后，对中国城市制造业集聚的企业创新效应进行了实证检验。

问题2和问题3：当"政策租"淡化以后，产业集聚自身的吸引力越来越成为企业动态需要衡量的因素，那么，产业集聚对企业动态的影响效应如何？进一步看，在企业动态的影响下，集聚环境优势是否有利于增进企业的创新绩效呢？产业集聚是否会因为企业动态的存在而强化相互之间在企业创新选择上的差异，并通过循环累积的作用机制，使得产业集聚发生"劣化降级"或"优化升级"的二元分化呢？针对这些问题，本书基于相关研究的回顾（包括产业集聚与企业动态的影响研究和企业动态对生产效率的影响研究），构建了有关产业集聚与企业进入动态之间的理论模型，推导出了二者之间的关系。本书在企业进入动态影响两种创新效应的形成机制的分析中提出了有关产业集聚与企业动态之间关系的研究假说。本书进一步就企业进入动态影响下两种创新效应的强化机制进行了理论分析，得到了有关企业进入动态影响下不同类型产业集聚的创新效应变化及其作用机制的研究假说。最后，基于上述定性的分析，进行了实证检验。

1.2.2　研究内容

第1章为绪论部分。基于研究背景提出本书的研究问题，设计本书的研究思路、研究内容及总体分析框架，对本书的创新点进行总结并对本书的研究视角的界定进行说明。总体上，基于开篇提出的问题，本书分别从静态和动态角度，研究中国城市制造业集聚对企业创新的影响，并基于中国的制度背景对影响效应进行原因分析，在此基础上进一步探讨政府行为作用。第 2 章为研究综述部分。本章主要对相关文献进行梳理，其主要包括产业集聚对创新影响的国内外文献以及考虑企业进入和企业退出影响的产业集聚演化及其对创新影响的相关文献。在此基础上，进行文献述评。第 3 章是理论关系与机制分析部分。本章构建理论模型，推导核心变量之间的理论关系。在此基础上进行机制分析，将产业集聚对企业创新的影响作用从静态和动态角度进行分析，并提出有待验证的研究假说。

第 4 章是中国城市制造业集聚与企业创新的测度及特征事实分析。本章构建了能够衡量中国城市制造业集聚、细分类产业集聚度与企业创新强度的指标，对中国城市制造业集聚与中国城市制造业企业创新强度进行总体测度和细分类测度，并就其总体演变趋势、分行业演变趋势、空间分布特征进行特征事实分析。第 5 章是中国城市制造业集聚对企业创新的静态影响效应检验。本章首先进行实证研究设计，建立双向固定效应面板数据模型，检验中国城市制造业集聚对企业创新的静态影响效应，同时还对其影响机制进行中介效应检验。第 6 章是中国城市制造业集聚对企业创新影响的动态效应检验。本章首先对中国城市制造业企业动态进行多角度考察，其次就不同类型的中国城市制造业集聚对企业进入和企业退出动态的影响效应、企业进入动态影响下不同类型的中国城市制造业集聚的创新效应及其影响机制进行实证检验。

第 7 章是对本书研究结果的总结，并针对研究结果给出政策建议。最后，指出本书的研究不足和未来可供深入研究的方向。

1.2.3 研究方法

1. 理论和实证分析相结合的研究方法

本书主要借鉴阿吉翁等（Aghion et al.，2016）的建模思路，通过将产业集聚变量引入到熊彼特式的创新增长模型，构建了有关产业集聚与在位企业创新率、产业集聚与企业进入率之间关系的"动态创新增长模型"，通过动态最优化和数值模拟分析，得到核心变量之间理论关系的基本判定。第 5 章和第 6 章则通过实证分析进一步检验。所用到的实证方法有数据匹配、双向固定效应面板数据模型回归估计、工具变量法、门槛效应模型估计、两阶段最小二乘（2SLS）回归估计、数据匹配分析、二值选择模型、工具变量的二元选择模型（Ivprobit）估计、赫克曼（Heckman）两阶段模型等。

2. 静态和动态相结合的研究方法

本书在理论模型研究的基础上，将产业集聚影响企业创新的作用机制进一步分为静态影响机制和动态影响机制两类，从静态研究到动态研究进行扩展。在检验中国城市制造业集聚对企业创新的静态影响效应中，本书首先考虑中国城市制造业集聚对在位企业创新率的影响，将产业集聚视为封闭的静态环境。在第6章中，笔者将模型设定为考虑企业进入动态和退出动态及其影响下中国城市制造业集聚动态演化的环境。

3. 定性和定量相结合的研究方法

由于无法准确区分出中国城市制造业层面的政府主导型产业集聚和市场诱致型产业集聚，本书有关产业集聚条件下两种创新效应的形成机制只能是一种定性的描述。第4章对中国城市制造业集聚测度及特征事实进行描述，通过定量方法对中国城市制造业集聚的程度进行分析。而本书第5章和第6章对产业集聚对企业创新的影响效应及其机制的检验主要是通过计量模型的构建和定量分析的方法来实现的。定量方法主要包括描述性统计分析、基于地理信息系统（ArcGIS）空间统计分析、多维尺度（MDS）聚类算法及K中心（K-mediods）聚类算法等。

1.3　研究的创新性与技术路线

1.3.1　研究的创新之处

1. 研究视角的创新

现有的对产业集聚的创新效应的研究主要集中在产业集聚对在位企业创新影响方面，即大多数研究囿于静态视角。而关于企业动态及其影响下产业集聚演化带来的创新效应则较少受到关注。更没有研究从企业动态的微观角度研究产业集聚动态演化对企业创新的影响。本书从静态研究视角扩展到动态研究视角，不仅解释了现实经济中由政府主导的产业集聚形式在发展之初与成熟阶段对企业创新并不完全相同的影响机制，而且还从集聚环境演化的动态影响角度为中国制造业产业转型升级的困境提供政策启示。这是本书研究视角上的一个创新。

2. 研究内容的创新

首先，有关产业集聚外部性促进企业创新的结论在很多研究中得到验证，然而，它们究竟是以怎样的方式作用于企业创新并促使城市经济增长实现的，则涉及得相对较少。本书将有关企业创新的研究进一步细化，从产业集聚引起企业创新模式选择这一更微观的角度对产业集聚的创新效应进行解读。其次，受演化经济地理学发展的影响，传统的"二分法"研究范式已不足以追踪前沿。本书对不同空间构成的产业集聚的创新效应的内在影响机制进行分类研究，考察了专业化和相关多样化集聚对企业创新的差异性影响效应。最后，本书考虑企业动态及其影响下不同产业集聚演化对企业创新的影响，从静态研究向动态研究进行扩展，分析不同类型产业集聚的动态创新效应及其作用机制。

3. 研究主题的创新

从静态到动态的角度，本书分别对产业集聚影响"创新惰性"产生的机制进行了分析，这是本书研究主题方面的一个创新。本书把企业热衷于追逐易于模仿的工艺创新却忽略对新产品或服务的研发创新的现象界定为企业的"创新惰性"。在机制分析中，将政府干预背景下由企业寻租行为惯性引发的低端创新模式的集体选择行为定义为静态视角下的"创新惰性"，将受市场选择影响的、由产业集聚升级受阻所造成的企业低端创新模式的集体选择行为定义为动态研究视角下的"创新惰性"。

在面对产业集聚（在我国，主要表现为政府设立的开发区）成为企业生存、发展与创新的普遍环境时，由环境升级困境导致的企业创新乏力是比单纯的企业创新能力不足更加值得警惕的现实问题。本书的研究强调关于中国制造业集聚转型升级的困境，不仅要关注到企业创新升级的问题，还应考虑企业基于集聚环境升级而进一步升级的问题，即"企业—城市—区域"的协同性升级问题。

1.3.2 技术路线

本书的技术路线如图 1−1 所示。

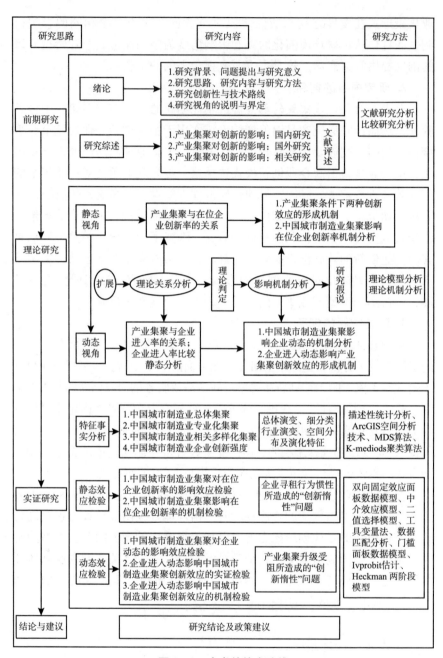

图 1-1　本书的技术路线

1.4 研究视角的说明与界定

1.4.1 从静态研究到动态研究视角扩展的原因

1. 现实考虑

从现实发展背景来看，有些产业集聚园区在长期市场选择的影响下，逐渐具备了自生能力，走向良性循环的发展轨道。而有的产业集聚区却逐渐衰落了，比如松江出口加工区。在越来越市场化和"政策租"的利润空间逐渐被压缩的情形下，企业"用脚投票"就会产生很大影响。同时，产业集聚本身面临着竞争环境加剧的考验，特别是在产业集聚的成熟阶段，若产业集聚环境不能有效地争取企业的入驻，或者说对于企业进入缺乏长期的吸引力，那么，这种状态的持续会导致整个产业集聚区的自我封闭、衰退以及创新活力的缺失，因此其在市场选择下的衰退就是不可避免的了。

相关研究表明（王永进、张国峰，2016），由制度和政策优惠形成的"选择效应"是开发区长期生产率优势的主要来源，而"集聚效应"的持续期很短，并不能够支持开发区的长期发展。那么，当政策优惠退出并不再主导"选择效应"的形成时，企业进入动态的结构性差异及其累积产生的影响对于开发区的持续发展就显得非常关键了。因此，有必要从企业进入动态的动机出发，分析整个产业集聚经历演化以后的影响。

2. 理论需要

在我国参与全球分工的过程中，通过开辟城市新空间等企业家城市式的地域重构（诸如设立开发区和发展新城等方式）吸引要素集聚和实施产业集群政策，成为地方政府发展本地经济的普遍做法。随着时间的累积，产业发展除了受自身特性、政策优惠和外部因素影响以外，还不能够忽视产业集聚的动态演化的促进或者限制作用。其中，作为政策型产业集聚载体的开发区所经历的多次转型就是集聚演化的典型例证，与城市融合发展成为产业集聚的主要趋势与特征。现有的文献在讨论产业集聚和开发区问题时，大多没有考虑到集聚演化的动态影响，这使得对"后政策租"时代产业集聚相关问题的研究存在不足。

从理论研究上来说，大量的研究已经论证了企业进入和企业退出通过资源再配置影响生产效率，但从本质上来讲，企业创新的驱动是致使生产效率提升的主要原因。因此，企业进入和企业退出与企业创新之间必然存在着影响关系。不乏集聚外部性对企业进入和企业退出的影响及企业进入和退出对生产效率影响的相关研究，但将三者纳入同一分析框架的研究还未可见，这是本书进行扩展研究的理论基础。

1.4.2 静态研究与动态研究视角的界定

本书将不考虑企业进入和退出动态影响因素的条件下，产业集聚对在位企业创新的影响研究界定为静态视角研究；将考虑企业进入和退出动态影响因素的条件下，不同类型产业集聚演化及其对在位企业创新的影响研究界定为动态视角研究。

静态视角的研究适合于分析政府干预背景下产业集聚的初始形成阶段，并先验地假定产业集聚是封闭的环境。动态视角的研究对应于"后政策租"时代背景下产业集聚的成熟发展阶段，并经验地设定产业集聚作为企业寻求利润来源的外部性环境，是一个开放而非封闭的系统。

第2章 研究综述

产业集聚对经济活动的重要性在城市和区域经济研究中是无可争辩的。在过去的 20 多年里，学界从不同的角度对这一议题进行了大量研究，特别是对创新影响的相关研究为这一议题增添了活力。众所周知，创新作为区域发展的关键因素，能够通过新的产业创造，带来生产效率的提高和就业增长。因此，国内外学者对集聚外部性影响下的企业生产率（劳动力生产率或全要素生产率）、就业增长及创新等问题也进行了较为全面的研究（Beaudry and Schiffauerova，2009），这为本书研究产业集聚对微观企业创新的影响提供了直接和间接的经验证明。

2.1 产业集聚对创新的影响：国外研究

有关产业集聚对创新乃至经济增长影响的研究，从理论渊源看，可以追溯到新古典经济学代表者马歇尔（Marshall，1890）提出的集聚经济理论，即劳动力池子、中间投入品共享和知识溢出是集聚经济的主要来源。大量的研究已经验证了产业集聚能够推动企业创新（Van der Panne，2004）、生产效率提升（Marrocu et al.，2013）及经济增长（Matlaba et al.，2012）。在此基础上，新经济地理学、演化经济地理学及"新"新经济地理学进一步充实了产业集聚的创新及经济增长效应的影响研究。

2.1.1 新经济地理学视角下的研究分歧

新经济地理学派的研究者西托夫斯基（Scitovsky，1954）将集聚外部性区分为金融外部性和技术外部性，藤田和莫里（Fujita and Mori，2005）则将集聚外部性重新定义为"经济关联（E – Linkage）"和"知识关联（K – Linkage）"。而关于技术外部性对创新及经济增长影响的讨论是近年来关注的重点。学者们围绕着技术外部性的微观基础展开了广泛的研究，马歇尔（MAR）外部性（Marshall，1890；Arrow，1962；Romer，1986）和雅格布斯（Jacobs）外部性（Jacobs，1969）分别从专业化外部性和多样化外部性的角度解释了技术外部性的作用机制。MAR外部性理论认为同一产业内部的知识溢出是推动地区创新和经济增长的主要源泉，强调专业化的生产有助于地区产业的创新。根据杜兰顿和普加（Duranton and Puga，2006）关于集聚经济的微观机制，产业专业化对企业利润的贡献在于生产要素市场的供求匹配、规模化中间品市场的共享和专业化信息技术的学习、扩散。雅格布斯外部性理论则认为多样化的产业结构比单一的产业结构更具有创新活力，具有关联或互补性的经济个体之间思维的碰撞能够产生更多的创新回报。

以格莱赛等（Glaeser et al.，1992）和亨德森等（Henderson et al.，1995）的研究为开端，有关不同类型的产业集聚外部性对创新及经济增长影响的讨论在学界大量涌现。一些学者强调专业化经济的积极作用，认为企业主要通过同一行业内部的其他企业来获取新知识（Viladecans – Marsal，2004；Van der Panne and Van Beers，2006；Martin et al.，2008）。另一些学者则认为，企业通过向不同行业间企业学习得到好的创意，地区经济更加多样化将会产生更多的知识溢出（Soest et al.，2002；Lee et al.，2005；Malpezzi，2010；Zhang，2015）。还有些学者认为专业化经济和多样化经济并非完全对立，并通过实证检验二者同时存在，比如卡蒂内利和莱翁奇尼（Cainelli and Leoncini，1999）、凡·奥特和斯塔姆（Van Oort and Stam，2005）、凯特尔霍恩（Ketelhöhn，2006）、加利亚诺等（Galliano et al.，2015）的研究。

博德里和希福罗娃（Beaudry and Schiffauerova，2009）在对67篇经验研究的结论进行分析后发现：70%的研究支持专业化对经济增长或创新产出具有积极作用；而75%的研究则支持了多样化的积极作用，并把产生这种异质性结论的原因归咎为不同的测量（指标选取）和实证方法。对此，德·格鲁特等（De Groot et al.，2016）指出学者们将格莱赛（1992）的研究扩展到不同的国家、不同的时间、不同的空间集聚度，利用不同的估计方法及不同的代理变量，毫无疑问，得出了有关集聚外部性效应的不同结论。除此之外，一些学者还发现，在不同的企业规模、生命周期阶段、城市规模中，集聚外部性的表现也不相同（Neffke et al.，2011；Lin et al.，2011）。

2.1.2 演化经济地理学视角下的研究进展

演化经济地理学通过引入"相关多样化"的概念，打破了传统经济地理学有关 MAR 外部性和雅格布斯外部性"二分法"的研究框架（Hassink et al.，2014）。传统经济地理学仅关注产业专业化和多样性，难以完全解释集聚外部性的复杂性，且忽略了相关多样化的重要性，得到的雅格布斯外部性效应存在一定偏误。佛瑞肯等（Frenken et al.，2007）认为以技术关联为基础的相关多样化才是度量雅格布斯外部性的最佳指标，并将多样化开创性地区分为相关多样化和无关多样化两种类型，二者能够分别产生有利于知识溢出的雅格布斯外部效应和保护地区免受外部冲击的投资组合效应。已有研究认为，知识或技术在行业间无障碍地溢出需要以合适的认知距离为基础，太远的认知距离会阻碍知识或技术的溢出，太近的认知距离则会造成认知的锁定（Boschma，2005；Nooteboom et al.，2007）。相关多样性和无关多样性的概念则提供了外部性类型和功能的重要信息，这为研究产业集聚对创新的影响提供了新的解释。

演化经济地理学的新观点引发了大量关于产业相关多样化对区域经济增长、生产率及就业增长影响的研究（Boschma and Iammarino，2009；Bishop and Gripaios，2010；Quatraro，2010；Van Oort et al.，2015），研究结论均表明，相关多样化确实在区域层面上有益于生产率的提高、就业的增长及经济增长。在此基础上，卡思迪等（Castaldi et al.，2015）进一步指出，多样性本身可能并不能促进创新，具备共享或互补能力的产业间（相关多样化）才能引发知识溢出，但相关和无关多样性并不是完全对立的，二者均有利于科技创新促进区域经济发展，影响路径存在差异：相关多样性有助于相关科技之间的增量创新，从而提高生产效率；而无关多样性则有助于跨领域重组下的突破性创新，这可以将以往完全无关的产业转变为相关产业，因此突破性创新可将无关多样性转变为相关多样性。塔瓦索利和卡尔博纳拉（Tavassoli and Carbonara，2014）也有类似的研究。阿尔斯塔德等（Aarstad et al.，2016）利用挪威的数据，同样发现相关多样化是企业创新的正向驱动因素，并创建了一个相关和无关多样化的矩阵图，指出具有较高相关多样化和较低无关多样化水平的区域能使企业的绩效达到最优。另有学者引入了垂直相关多样化的概念（Cainelli et al.，2016），用来描述产业间企业基于投入产出关联所带来的多样化集聚，并利用意大利的微观数据证明了垂直相关多样化对企业生产率的正向影响。

2.1.3 "新"新经济地理学视角下的研究前沿

新经济地理学主要从集聚效应的角度为地区间创新、生产率及经济增长的差异提供了理论解释。"新"新经济地理学在此基础上融入了异质性企业的空间选择理论，并从理论上证明了异质性企业的空间选择对区域间生产率差异的内生性影响（即"选择效应"）。一系列的研究表明，高效率企业会选择定位于大城市以获得更大的市场份额，而低效率企业则选择定位于小城市以逃避竞争，且大城市内激烈的市场竞争会迫使低效率企业退出，形成高效率企业定位于大城市和低效率企业定位于小城市的格局，因而内生地致使了区域间生产率的差异（Baldwin and Okubo，2006；Okubo et al.，2010；Forslid and Okubo，2010）。在此基础上，维纳布斯（Venables，2011）也指出，异型性企业的分布会形成"高效率企业—相对优势区位、低效率企业—相对劣势区位"的空间结构。奥塔维亚诺（Ottaviano，2012）认为，异质性企业布局是企业主动选择的渐进过程而非随机的。因此，"新"新经济地理学补充了新经济地理学对生产率差异的解释。

2.2 产业集聚对创新的影响：国内研究

与国外的研究相比，国内研究大都是在国外理论研究的基础上对中国问题进行经验研究，在此基础上分析中国特色的现实问题。早期研究主要讨论了中国制造业空间分布及其时空演化特征。从经验研究的反馈来看，改革开放后，中国制造业产业集聚度明显提高，东部地区的制造业集聚程度最高。近年来，部分制造业呈现由东部向中西部地区转移的空间分布（王业强、魏后凯，2007；吴三忙、李善同，2011）。之后的研究开始围绕着中国制造业产业集聚及其演化的影响效应展开，与国外经验研究类似，学者们从不同的角度检验产业集聚对创新的影响效应。从研究的共性上可以将其分为两类：一类是仅利用中国层面的数据对产业集聚效应进行检验的研究，旨在提供来自中国层面的经验证据；另一类是考虑中国特色政府干预影响下产业集聚影响效应的研究，旨在提供中国层面产业集聚影响效应的原因分析。

2.2.1 中国层面的经验证据

1. 不区分产业集聚类型

该类研究不区分产业集聚的空间结构，多为广义的产业集聚、经济集聚的影响效应研究，主要检验产业集聚的正负外部性。从经验研究的反馈结果来看，产业集聚效应存在正向、负向及"非线性"三种类型。

（1）产业集聚正向效应，即支持"集聚效应"的存在。比如，范剑勇（2006）、陈良文等（2008）的研究表明，产业集聚对劳动生产率具有促进作用；吴福象、刘志彪（2008）的研究则认为，要素集聚的外部性提高了城市群研发创新的效率，促进了经济增长。

（2）产业集聚负向效应，即支持拥挤效应的存在。张杰等（2007）利用 2005 年对江苏省制造业创新活动的调查问卷的数据，实证研究发现，产业集聚对企业的创新活动产生了一定的负面影响。闫逢柱、乔娟（2010）对 1999～2008 年中国制造业集聚的产业增长效应进行实证检验，得出了拥挤效应存在的经验证明。部分研究者对典型行业的拥挤效应进行检验，得到了东部演化某些省份的传统劳动密集型产业存在过度集聚的结论（唐根年等，2009；徐维祥等，2011）。叶宁华等（2014）研究证实，中国出口企业存在过度集聚的现象，大量出口企业扎堆与恶性竞争导致集聚了负外溢效应。

（3）产业集聚的"非线性"影响效应。受产业集聚动态演化的影响，集聚效应与拥挤效应可能在不同的产业集聚阶段交替出现。沈能等（2014）利用中国制造业产业数据，证明了制造业产业集聚与行业生产效率之间存在显著的倒"U"型关系,这表明,存在最优的产业集聚水平使得产业集聚的正向效应最大,过度产业集聚则引发拥挤效应。

2. 区分产业集聚类型

(1)专业化与多样化对创新影响的经验研究。该类研究的重点是检验中国层面的专业化集聚和多样化集聚对创新的影响效应。本章从研究对象上对现有研究进行归类综述。①对产业增长影响效应的检验。比如薄文广(2007)利用1994~2003年中国29个省区市的25个行业的面板数据,实证检验发现,专业化具有负向效应、竞争程度具有正向效应、多样化具有非线性影响效应,即存在有利于产业增长的最优的多样化水平。吴三忙、李善同(2011)利用1999~2009年31个省份的产业数据,得到不同的结论:专业化的影响为负,多样化和竞争的影响为正,且这种影响存在显著的地区、行业异质性。②对经济增长影响效应的检验。李金滟、宋德勇(2008)利用2003~2005年284个地级市的面板数据进行实证检验,发现多样化促进了城市经济增长,专业化的影响效应则不稳定。孙祥栋等(2016)则利用2006~2013年中国城市面板数据,发现专业化与多样化两种集聚类型均与城市经济增长呈现显著的倒"U"型关系,且拐点与城市规模有关。③对生产率增长影响效应的检验。石灵云等(2007)利用1993~2001年29个省区市的15个行业的面板数据,发现专业化和多样化都促进了劳动生产率的提高。刘修岩(2009)基于2003~2006年的城市面板数据,发现专业化对劳动生产率有显著的正向影响,但多样化的正向作用不显著。范剑勇等(2014)得到了类似的结论。④对创新影响效应的检验。彭向、蒋传海(2011)利用1999~2007年30个省区市的21个行业的数据实证检验了产业集聚及竞争结构对产业创新的影响,研究发现,专业化和多样化均有利于地区产业创新,区别在于多样化的促进作用更大,而企业竞争不利于产业创新。在以上研究中,学者们选择中国层面样本数据的空间单元、产业类别、数据范围、变量测度及衡量指标存在较大差异性,得到的结果也不尽相同。另外,部分学者已提到专业化与多样化的集聚效应存在显著的地区、行业异质性(吴三忙、李善同,2011)。除此之外,一些学者还发现,在不同的企业规模、生命周期阶段、城市规模中,专业化、多样化集聚外部性的表现也不相同(傅十和、洪俊杰,2008;董晓芳,2012;霍春辉、杨锐,2016;孙祥栋等,2016),并一致认为专业化在中小城市中的集聚效应较强，多样化则在大城市的作用更强。

（2）相关多样化与无关多样化对创新影响效应的经验研究。国内有关该类研究的文献相对较少，且缺乏对企业创新影响效应的直接证明。研究者多集中于验证相关多样化对区域工业发展（苏红键、赵坚，2012）、生产率增长（李福柱、历梦泉，2013）、地区经济发展（孙晓华、柴玲玲，2012）及城市经济增长（王俊松，2016）的影响。具体地，苏红键、赵坚（2012）利用中国 31 个省级单位 2004～2009 年的工业面板数据研究发现，相关多样化水平与工业增加值显著正相关，无关多样化水平与工业增加值显著负相关，总体多样化水平与工业增加值显著正相关。李福柱、历梦泉（2013）利用 2001～2010 年中国省级面板数据进行实证分析，发现相关多样化水平高的地区比无关多样化水平高的地区具有更强的生产率外部性，相关多样化更符合雅格布斯对多样化知识溢出的诠释。孙晓华、柴玲玲（2012）利用 2003～2009 年中国地级市面板数据，从经济增长和经济稳定两个维度检验了相关与无关多样化对地区经济发展的影响，发现相关多样化对地区经济增长与经济稳定都有显著的促进作用，无关多样化不利于经济增长但有助于提高经济稳定性。王俊松（2016）利用 2003～2010 年中国 279 个地级及以上城市的产业统计数据，得到了相关多样化能显著促进经济增长，而无关多样化不能或尚未促进经济增长的结论。沈鸿、向训勇（2017）借鉴演化经济地理学的思想，将相关多样化进一步区分为水平多样化（基于技术关联）和垂直多样化（基于投入产出关联），研究二者对企业成本加成的影响，这为检验产业集聚外部性提供了一个新视角。

2.2.2 中国层面的原因分析

考虑到中国仍处于经济转型阶段，市场诱致与政府干预主导下产业要素的空间集聚是影响集聚外部性效应的重要外部环境因素。有研究指出，21 世纪以来，中国的产业政策虽然强调利用市场机制，开始重视市场友好型"功能性产业政策"的运用，并试图加强政府在产业发展中的服务功能，但在很大程度上延续了过往产业政策中直接干预市场、以政府选择代替市场机制和限制竞争等传统（江飞涛、李晓萍，2010）。

从中国区域发展的现实看，基于地方发展主义的地方竞争和政府干预行为导致了产业集聚及其空间分布不再是单纯的市场过程（赵勇、魏后凯，2015）。国内许多研究发现，政府过度干预引发了企业"扎堆"，导致了经济集聚对企业生产效率产生负向影响，即拥挤效应大于集聚效应（郑江淮等，2008；钱学锋等，2012；李晓萍等，2015）。另有学者指出，较高的拥挤效应是我国省际资源配置整体上有恶化趋势的一个重要因素（孙元元、张建清，2015）。周圣强、朱卫平（2013）则证明了城市化拥挤效应中时间拐点的存在，发现2003年以前规模效应占主导，之后拥挤效应的约束性作用逐渐凸显。李晓萍等（2015）的研究也得出类似的结论，并指出2003年后地区之间的"竞次式"补贴性竞争加剧削弱了产业之间关联性及集聚效应的发挥是拥挤效应占据主导地位的主要原因。更有学者指出，这种依赖于"政策租"形成的所谓的产业集聚经济是一种虚假的产业集聚，且与中国式分权及以GDP为主的官员绩效考核机制相捆绑的制度背景有密切关联（钱学锋等，2012）。

从影响机制上看，中国的财政分权体制导致了地方政府为了赢得"GDP锦标赛"的胜利而采取各种优惠手段招商引资（靳涛，2008）。这虽然为地方政府提供了竞争筹码，但引发了人为过度压低要素价格的现象。已有研究证明，产业要素的集聚通常以压低劳动力成本为代价（杨仁发，2013），继而带来整个要素市场的扭曲（张杰等，2011a）。一方面，要素市场的扭曲给企业提供了寻租机会，以此来获得诸如税收减免或补贴等方面的低成本生产要素，降低了企业的创新动力（张杰等，2011b），抑制了企业生产效率的提升（毛其淋，2013）。另一方面，还会造成资本和劳动力等要素使用的低效率，从而阻碍企业或产业创新效率的提升（戴魁早、刘友金，2016）。进一步，劳动力市场扭曲和资本市场扭曲均能够抑制创新生产活动的开展及其效率的提升（白俊红、卞元超，2016）。

从现有研究结论看，大多数研究得到了地方政府干预引发了集聚经济的负外部性效应的结论。师博、沈坤荣（2013）的研究表明，地方政府干预增强导致的资源配置扭曲以及中央政府信贷干预的道德风险，会抑制产业集聚对能源效率的改进。吴敏、黄玖立（2017）的研究则表明，地方政府行政力量过大导致了集聚外部性效应无法有效发挥，表现为抑制了工业生产效率的提升。较少的研究认为政府干预对集聚外部性效应产生了正向效应：余明桂等（2016）利用2001～2011年中国上市公司的微观数据，研究发现诸如税收激励和政府补贴为代表的产业政策显著提高了企业发明专利的数量，表现为促进了企业创新，且这种激励作用在民营企业中最大。

2.3　产业集聚对创新的影响：相关研究

以上有关产业集聚对创新影响的研究回顾，可以看出，学者们在新经济地理学和演化经济地理学视角下对产业集聚对创新的影响效应展开了大量研究。"新"新经济地理学则在此基础上证实了企业异质性空间区位选择（即企业的进入退出）的存在及其对生产效率的影响，并称为"选择效应"。除了"新"新经济地理学理论，"新熊彼特增长理论"也对企业进入和退出对生产效率的影响进行了研究。但无论是"新"新经济地理学理论还是"新熊彼特增长理论"均证实了选择效应的存在，但并未分析异质性企业空间选择的具体原因。

2.3.1　企业进入和企业退出的引入及其影响研究

1. 早期研究

早期研究主要关注于将企业进入和退出引入到经济增长的分析框架。约万诺维奇（Jovanovic，1982）在一个不完全信息的框架中首次研究了市场对企业的进入、成长及生存的选择效应，以此建立了企业进入与生产率之间的关系。研究发现，高效的企业在产业环境中通过学习效应使得生产率提高，企业得以生存，而低效的企业生产效率却下降，企业最终衰退。霍本海恩（Hopenhayn，1992）通过建立一个竞争性产业的动态随机模型，将企业的进入、退出引入到经济增长中，发现存在一个临界生产率使得企业进入与企业退出保持静态均衡，生产率低于临界点时，企业则退出该产业，而自选择效应使得高效率的企业进入该产业。阿吉翁等（2001）利用一个包含"逐步创新"概念的内生增长模型，分析了竞争与模仿对经济增长的影响，与熊彼特的竞争理论观点不同，他们认为产品市场竞争有利于激励高生产率企业开展创新以克服竞争，从而促进经济增长，但低效率企业的表现却与此相反。这些早期研究将企业的进入和退出引入了经济增长的分析框架，为以后的研究奠定了理论基础。

2. 进一步发展

在过去的 25 年里，熊彼特增长理论已经发展成为一个综合的分析框架，包括经济增长的宏观经济结构及包含激励、政策和组织与经济增长互动的微观经济问题（Aghion et al.，2013），并逐渐演化出大量关于企业动态与资源再分配问题关系的理论模型，其被称为"新熊彼特增长模型"（Klette and Kortum，2004；Mortensen and Lentz，2005；Akcigit and Kerr，2013；Acemoglu et al.，2013）。阿吉翁和豪伊特（Aghion and Howitt，1992）开创了一个包含不确定性的"新熊彼特增长模型"，认为创新一方面增加了新知识存量，另一方面还使得现有知识过时，对现有知识的所有者具有负外部性，即知识存量的"创造性毁灭"过程。之后关于企业动态与经济增长关联的研究大都在此基础上，将"新熊彼特增长模型"进一步发展。其中，克莱特和科图姆（Klette and Kortum，2004）在此理论模型的基础上构建了一个包含企业进入和退出的企业动态与企业创新之间关系的理论模型。伦茨和莫滕森（Lentz and Mortensen，2008）将克莱特和科图姆（2004）的模型与丹麦 1992～1997 年的面板数据相拟合，得到了合理的结构参数估计。阿克西吉特和克尔（Akcigit and Kerr，2012）的研究进一步扩展，构建了一个可识别创新异质性的理论模型，认为在位的大企业选择投资于内部创新以增加生产线，而其他在位企业和新进企业则选择投资于外部创新来获取新的产品线。阿西莫格鲁等（Acemoglu et al.，2013）则在克莱特和科图姆（2004）和伦茨和莫滕森（2008）研究的基础上，构建了一个有关创新、生产率与资源再分配的微观模型，且将企业退出设定为内生变量，而企业进入为外生变量，并利用美国人口普查的微观数据进行拟合。以上研究均得出一致结论：存在市场选择效应使得高效的企业进入市场，但新进入企业通过创新提高了企业的生产率，同时使得部分低效率的在位企业退出市场。因此，只有新进企业的贡献大于退出企业时，宏观经济才会得以增长。

3. 相关经验研究

受"新熊彼特增长理论"的影响，诸多学者利用不同国家的微观企业数据，采用不同的实证方法对企业进入和退出演化下的创新效率进行了实证检验，均证明了选择效应和学习效应是企业进入促使生产率提升的影响机制（Scarpetta et al.，2002；Foster et al.，2005；Aghion et al.，2009）。国内的研究者们大都利用中国工业企业的微观数据，对企业进入和退出与工业企业生产效率之间的关系进行了经验研究。杨（Yang，2004）利用中国工业企业的微观数据，发现中国的竞争选择过程正在形成，新企业进入对生产率增长有很大的贡献。谢千里等（2008）的研究发现，企业进入和退出促进了中国工业生产率的增长，并且加快了内陆省份生产率对沿海地区的追赶。李玉红等（2008）结合分离和偏离份额法（BHC），研究发现企业进入和退出演化导致的资源重新配置对工业生产率的贡献高达50%。李平等（2012）的研究指出竞争激励和资源再配置均是企业进入退出演化致使生产率提高的重要路径。毛其淋、盛斌（2013）在此基础上研究了中国制造业企业的进入和退出与生产率的动态演化关系，采用三种分解方法对生产率变动效应进行识别，发现存在显著的市场选择效应，使得低效率的企业退出市场和高生产效率的企业进入市场。李坤望、蒋为（2015）则指出现有研究多集中于讨论企业进入和退出与生产率的关系，而忽略了企业进入和退出对经济持续增长的影响效应才是"新熊彼特增长理论"的直接体现。他们从企业进入和退出资源配置的角度对市场进入与经济增长关系进行了实证检验，发现市场进入活跃的地区，经济增长绩效往往较好，并采用计量市场方法区分了选择效应与学习效应。

2.3.2　产业集聚对企业进入和企业退出的影响研究

无论是新新经济增长理论还是新熊彼特经济增长理论的相关研究，均从不同的角度证实了企业进入退出对生产效率的影响。区域、城市或市场环境是异质性企业空间选择的主要原因，大量的研究表明，企业进入和企业退出也受到产业集聚的显著影响。

1. 国外研究

（1）有关行业集中度对企业进入的影响研究。奥尔（Orr，1974）最早构造了企业进入的理论模型，以加拿大制造业产业的企业净进入为研究对象，对进入激励和进入壁垒因素进行了分析，发现行业高集中度是企业的进入壁垒。之后的研究大都在此基础上展开，但结论不一。迪奇（Duetsch，1975）对美国制造业行业进行研究，发现企业更倾向于进入高集中度行业，郑和马森（Jeong and Masson，1990）对韩国制造业的研究也得到同样的结论。马耶和查普尔（Mayer and Chappell，1992）却发现高集中度阻碍企业的进入。考虑了企业规模异质性的影响，阿克斯和奥德里特施（Acs and Audretsch，1989）发现高集中度会显著阻碍小企业的进入。

（2）有关集聚经济对企业进入的影响研究。雷诺兹（Reynolds，1994）对美国自动化产业的企业进入和退出进行了分析，发现以人口密度衡量的集聚度越高，企业进入率越低，这可能是城市拥挤效应下制造业企业生产成本过高引起的。比如，过度集聚会导致交通拥堵、土地价格或者租金上涨和工资上升，从而阻碍企业进入（Arauzo - Carod and Teruel - Carrizosa，2005）。多数研究认为，城市层面的集聚经济有利于新企业的进入。比如，德尔加多等（Delgado et al.，2010）、温伯格和林德文斯特（Wennberg and Lindqvist，2010）的研究均发现产业集群有益于企业的生存。杜兰顿和普加（2001）认为地方化经济和多样化经济均有利于企业进入，但这一结论与产品的生命周期阶段有关，在产品周期的初始阶段，企业更倾向于进入多样化的城市环境，而对于技术稳定的成熟产品，企业更倾向于进入专业化的城市。阿明顿和阿克斯（Armington and Acs，2002）的研究则发现从工业地区到技术进步的地区，新公司的进入率有显著的差异。凡·奥特和阿特泽马（Van Oort and Atzema，2004）对荷兰信息通信技术产业企业的动态进行分析，发现高技术企业倾向于在经济活动空间密集的地区共同定位。少量研究发现专业化集聚经济不利于企业进入。比如波斯玛和文婷（Boschma and Wenting，2007）对 1895～1968 年英国汽车工业的发展的研究发现，原有相关产业的存在对企业的生存产生了积极的影响，但本地化经济却不利于新企业的进入。

（3）有关集聚经济对企业退出的影响研究。多数研究一致认为，多样化减少了企业退出，而专业化增加了企业退出。比如，斯特布尔（Staber，2001）发现位于专业化集群中的企业失败率较高，而位于多样化的集群中特别是互补的产业结构中能够降低失败率。弗里奇等（Fritsch et al.，2006）研究表明，地区或产业内的贸易联系越多，新企业越不可能选择退出。现有研究认为，行业进入往往选择已存在的且行业相关的技术产业（Neffke et al.，2011）。在此基础上，内夫克等（Neffke et al.，2012）进一步发现，产业间技术相关大大提高了企业的存活率，技术关联性似乎是企业生存中集聚效应的主要来源。卡蒂内利等（2014）较为细致地分析了集聚外部性对企业退出的影响，其中，专业化集聚经济对具有从事相类似企业的"选择效应"使得行业内企业生产效率提高，激烈的"竞争效应"和"拥挤效应"的存在均会提高企业的退出率，而多样化集聚经济能够平衡过度专业化问题，特别是以技术关联的多样化与专业化相比，较少地受到认知锁定的影响，因而较易从外部获取新知识。另有研究发现，企业退出率还与企业的进入率有关，存在显著的"替代效应"（Carree et al.，2011）。

2. 国内研究

与国外大量的关于企业进入和退出的研究相比，国内的研究相对较少，关于集聚外部性对企业进入和退出的影响的研究更是寥寥无几（He and Yang，2016）。与之相关的研究有以行业集中度、产业密度、产业关联为主题的研究。比如杨天宇、张蕾（2009）对中国制造业企业进入和退出的影响因素进行了分析，发现行业集中度对企业的进入具有显著的正向效应。杨嬛等（2012）以长三角制造业行业为样本，研究了产业密度对企业诞生的影响，发现与周边地区和国家产业密度相比，本地化产业密度的影响最大。何等（He et al.，2015）对中国制造业产业的关联对新企业生存的影响进行了分析，发现产业关联显著促进了新企业的生存，同时指出了地方政府金融支持对新企业生存的积极作用。

目前，国内关于产业集聚对企业进入和退出影响的研究共有两篇文献（黎斌等，2016；邵宜航、李泽扬，2017）。黎斌等（2016）的研究以中国重化工企业为例，实证研究发现，企业进入和退出的演变具有空间集中特征，且受到相关多样化与地方政府竞争的双重激励影响。邵宜航、李泽扬（2017）则利用微观企业经纬度地理坐标信息构建了一个刻画城市产业空间集聚的新指标，研究发现，中国制造业企业的空间集聚与新企业进入呈倒"U"型关系，但这一实证结果并非意味着中国大多数城市存在过度产业集聚，土地成本的过度上涨和基础设施与公共服务的拥挤效应降低了企业创新激励是一个可能原因。

正如史进、贺灿飞（2014）所指出的，中国的企业进入和退出研究应该重视中国的政治体制和经济转型的背景。大多数的国内学者研究了诸如政府干预的行政性政策壁垒对企业进入退出的影响，且大部分研究发现这种政策性壁垒阻碍了企业进入（杨天宇、张蕾，2009；吴三忙，2009）。李跃（2017）的研究则认为地方政府干预加剧了市场信息不完全，造成了地区不合理的企业进入，致使中国制造业与生产性服务业的错位发展。陈艳莹等（2008）和杜传忠、郭树龙（2010）在对服务业企业进入和退出影响因素进行研究时也得到了类似的结论。另有学者研究了税收激励（贾俊雪，2014）、金融约束（吴晗、段文斌，2015；李俊青等，2017）等金融制度因素对企业进入和退出的影响。

2.4　文　献　评　述

本章梳理了产业集聚对创新影响的国内外及相关研究文献，下面将从研究视角、研究内容及研究主题三个方面进行综述。

2.4.1　研究视角方面的评述

现有研究缺乏动态性分析的研究视角。现有研究大都从静态的角度出发，来讨论产业集聚对在位企业创新乃至经济增长的影响，并未将企业进入和企业退出及其影响考虑进来。然而，产业的竞争环境是动态可变的，有关创新及经济增长的影响因素研究应进行"动态"性分析。

受新新经济地理学理论和"新熊彼特经济增长理论"的影响，企业进入和退出近年来备受学界关注，并且很多经验研究已证实异质性企业的空间选择与退出能够引发资源再配置，进而对生产效率产生显著影响。同时，大量的研究也已表明，集聚环境是引起企业进入和企业退出空间选择的一个重要因素。不乏集聚外部性对企业进入退出影响，及企业进入退出对生产效率影响的相关研究，但将三者纳入同一分析框架的研究还未可见，这也是本书进行扩展研究的理论基础。更没有研究从企业进入动态的微观角度研究产业集聚对企业创新的动态效应影响。特别是，现有研究大都集中于研究产业集聚对创新及经济增长的宏观影响，其内在的微观影响及传导机制则涉及的相对较少。那么，从企业动态的微观视角研究产业集聚演化对企业创新的影响将是一个有益的尝试。

2.4.2　研究内容方面的评述

传统的二分法的分类研究已经不足以追踪前沿，诸如相关多样化、无关多样化等新型分类标准为产业集聚对创新影响的细化研究提供了可能。从现有研究来看，相关研究还缺乏中国层面的经验证明。

第一，现有研究关于不同类型产业集聚作用于企业创新的微观影响机制有待于进一步细化。产业集聚外部性有益于企业创新的研究结论屡见不鲜，但是其内在的作用方式、微观机理并不统一。

第二，现有研究缺乏关于专业化、相关多样化产业集聚类型对企业创新影响的直接经验证据。受演化经济地理学发展的影响，产业集聚的空间组织研究已细化至不同的类型，专业化与多样化的"二分法"研究已经不足以追踪前沿，诸如相关多样化、无关多样化甚至垂直相关多样化、水平相关多样化等分类标准，为产业集聚对创新影响的细化研究提供了可能。这也为当前研究何种空间结构的产业集聚对创新影响的分歧提供了新的研究思路。与国外丰富的研究相比，国内诸如相关多样化、无关多样化对企业创新影响的直接经验证据还相当匮乏。

第三，现有研究缺乏关于专业化、相关多样化产业集聚类型对企业进入和企业退出影响的细化研究。从现有研究看，有关产业集聚对企业进入和企业退出影响的研究尚处于起步阶段，以技术关联或中间投入品关联的相关多样化对企业进入和企业退出的影响还未受到足够的重视。企业选择进入是基于某一空间区位条件优势而取得利润最大化为目标，除了政策租金和市场环境之外，能够维持企业长期生存的条件优势则源于产业集聚环境的外部性。显然，不同类型的产业集聚，其外部性不同，对企业进入和企业退出的影响效应也应存在差异性。

2.4.3　研究主题方面的评述

有关产业集聚影响企业创新的研究在"企业—城市—区域"的协同性升级方面的研究探索不足。研究中国的经济问题不能忽视中国的政治体制和经济转型的背景，考虑的主题不仅仅是制造业企业创新升级的问题，还需考虑企业基于集聚环境升级而进一步升级的问题，即"企业—城市—区域"的协同性升级问题。

众所周知，中国产业集群的快速成长多是依赖于政府的主导，且普遍存在着市场机制失灵、行政力量相对突出的特点，众多产业集群则普遍存在着"低端锁定"和"高端不足"的现实困境。特别是当产业集聚迈入成熟发展阶段，产业集聚若不能有效地争取企业的入驻，或者说对于企业动态缺乏长期的吸引力，整个产业集聚在市场选择下的衰退就是不可避免的了。企业可能面临因进入退出动态僵化所导致的集聚升级受阻下的新型"创新惰性"成为产业集聚转型升级困境的一个重要原因。城市功能和区域发展赋予产业集聚的金融和政策环境等特征都是影响企业创新升级的重要因素，以产业集聚升级推动企业创新升级是"企业—城市—区域"的协同性升级的重要表现。

第3章 理论关系与机制分析

本章以全书的研究问题为导向，通过构建理论模型，推导出产业集聚与企业创新、产业集聚与企业进入动态等关键变量之间的理论关系，得到基本判定。在此基础上，本章从企业创新模式选择这一更微观的角度进行机制分析，依托于中国城市制造业集聚形成的现实背景对本书的研究问题作出最终判断，并提出研究假说。

3.1 产业集聚与企业创新的理论关系：纳入企业动态的分析

本节主要借鉴阿吉翁等（2016）的建模思路，通过将产业集聚变量引入熊彼特式的创新增长模型，构建了有关产业集聚变量与在位企业创新率、产业集聚变量与企业进入率之间关系的"动态创新增长模型"，基于动态一般均衡分析框架和数值模拟技术，分析关键变量之间的变化关系。

3.1.1 模型基本框架

1. 消费者偏好

考虑一个无限期模型，且假设消费者决策行为以家庭为单位，家庭作为一个整体通过提供劳动和资本（或投资）获得工资收入和利息收入，同时用这些收入进行消费，以使家庭实现效用最大化。假设家庭的时间贴现率为 ρ，其中 $0 < \rho < 1$。代表性家庭的效用函数如下：

$$U = \int_0^\infty e^{-\rho t}(\ln C_t - L_t)dt \qquad (3-1)$$

其中，家庭只消费最终产品（Y_t）的消费量为 C_t，家庭户提供的劳动为 L_t。劳动的用途有三种，最终消费品的生产（L_P）、在位企业创新（L_I）和新进入企业创新（L_E）。

家庭的总收入等于劳动收入与资产收入之和，家庭的预算约束方程为：

$$\dot{A}_t = r_t A_t + \omega_t L_t - C_t \qquad (3-2)$$

其中，家庭持有的实际总资产为 A_t，假设所有资产具有相同的资产收益率 r_t，工资水平为 ω_t。$\dot{A}_t$ 为 t 时刻家庭资产的变化，即家庭新资产的投资，不失一般性，这里假设最终消费品的价格为 1。

2. 生产函数

（1）最终产品生产。最终产品（Y_t）市场是完全竞争的。假设经济中存在一个代表性企业，它通过最大化利润来决定其使用的资本（K_t）和一篮子中间投入品（Z_t）进行最终产品（Y_t）的生产。规模报酬不变的生产函数如下：

$$Y_t = K_t^\xi Z_t^{1-\xi} \qquad (3-3)$$

这里，本章通过设定 $\xi = 0$ 假设最终产品（Y_t）由一篮子中间投入品（Z_t）一对一地生产，即 $Y_t = Z_t$。

（2）中间投入品生产。假设生产中间投入品的企业需要 i 种不同的生产线，且其生产函数符合常弹性函数（CES）：

$$\ln Z_t = \int_0^1 \ln z_t(i)di \qquad (3-4)$$

其中，i 代表一条独立的生产线，企业具有相同生产线满足伯川德竞争（Bertrand Competition）。每条生产线只有最近一个创新者进行垄断生产，其生产函数为：

$$z_t(i) = q_t(i)l_t(i) \qquad (3-5)$$

其中，$q_t(i)$ 为生产率，$l_t(i)$ 为劳动投入，则其边际成本为 $MC_t(i) = \omega_t/q_t(i)$。设每一次创新使生产线 t 的生产率从 $q_t(i)$ 提升至 $(1+\lambda)q_t(i)$，其中 $0 < \lambda < 1$。经济体中的企业可以由其拥有的生产线进行定义，在均衡时，生产线的数量反映了企业的动态。在位企业拥有的生产线用 $n \in z_+$ 表示，当 $n = 0$ 时，企业退出市场。

3. 企业创新与企业动态

（1）企业创新。假设企业通过创新来获取新的生产线，而新的生产线可以通过提高企业利润增加企业所拥有的价值。与熊彼特增长模型的假定相同，假设企业创新服从泊松分布。借鉴阿吉翁等（2016）对模型的设定，在位企业创新成功的泊松到达率的函数形式设为：

$$I = \Gamma \alpha(\theta) n^{1-\varepsilon} \left(\frac{L_I}{\varepsilon} \right)^{\varepsilon} \qquad (3-6)$$

其中，L_I 为企业雇佣的劳动力，Γ 为不变的在位企业创新的成本参数（$0 < \Gamma < 1$），n 为在位企业拥有的生产线，相当于企业所拥有的特定的知识储备。这里本章进一步考虑产业集聚对企业创新的影响：产业集聚有益于知识和技术的外溢，表现为促进企业创新的集聚效应，同时，产业集聚可能使诸如土地、劳动力等生产要素成本上升，表现为抑制企业创新的拥挤效应。假设产业集聚总效应为 $g(\theta)$，当集聚效应大于拥挤效应时，$0 < g(\theta) < 1$；当集聚效应小于拥挤效应时，$-1 < g(\theta) < 0$。这里设 $\alpha(\theta) = 1 / [1 - g(\theta)]$，表明产业集聚是通过影响企业已有的知识储备进而影响企业的创新。

考虑创新成功时，企业获取新的生产线，企业拥有的生产线由 n 增加到 $n+1$，该生产线的技术提升 λ 幅度。这里本章设 $\varepsilon = \frac{1}{2}$，在位企业创新的成本函数可以写为：

$$c(i) = \omega_t L_I = \omega_t \frac{n}{2} \left[\frac{i}{\Gamma \alpha} \right]^2 \qquad (3-7)$$

其中，$i \equiv I/n$ 表示在位企业的创新率。

（2）企业进入与企业退出。假设市场上有大量潜在的企业想进入中间产品部门，这些企业通过雇佣 L_E 的创新人员进行创新，进入企业创新成功的泊松到达率的函数形式为：

$$e = \Phi \alpha(\theta) L_E \qquad (3-8)$$

其中，Φ 为不变的进入企业创新的成本参数（$0 < \Phi < 1$），$\alpha(\theta)$ 设置同上。进入企业创新的成本函数可以表示为 $c(e) = \omega_t L_E = \omega_t \{ e / [\Phi \alpha(\theta)] \}$。当企业进入成功时，企业获取一条生产线，其拥有的价值用 V_1 表示。因此，市场外企业的价值 V^{out} 可以用下式表示：

$$rV^{out} = \max_e \left\{ -\frac{\omega_t}{\Phi \alpha} e + e(V_1 - V^{out}) \right\} \qquad (3-9)$$

31

这里 r 为资产收益率，rV^{out} 为与市场外企业价值相当的资产进行投资获得的即时收益，其恰好等于市场外企业以 $\tilde{x}$ 的概率进入成功后所能带来的企业价值变动期望值 $[e(V_1 - V^{out})]$ 与尝试进入市场的企业的即时成本（$\omega_t\{e/[\Phi\alpha(\theta)]\}$）之差。当在位企业失去所有的生产线时，企业退出市场，其拥有的价值即为 V^{out}。

3.1.2　动态最优化及动态均衡分析

1. 消费者动态最优化问题

对于消费者动态最优化问题，本章建立当期值汉密尔顿（Hamilton）函数：

$$H(t) = \ln C_t - L_t + \lambda(t)[r_t A_t + \omega_t L_t - C_t] \qquad (3-10)$$

其中，C_t、L_t 为控制变量，A_t 为状态变量，$\lambda(t)$ 为汉密尔顿乘子。优化问题的一阶条件为：

$$\partial H(t)/\partial C_t = 0 \Rightarrow 1/C_t = \lambda(t)$$

$$\partial H(t)/\partial L_t = 0 \Rightarrow \lambda(t)\omega_t = 1$$

$$\partial H(t)/\partial A_t = -\dot{\lambda}(t) + \rho\lambda(t) \Rightarrow \lambda(t)r_t = -\dot{\lambda}(t) + \rho\lambda(t)$$

$$\partial H(t)/\partial \lambda(t) = \dot{A}_t \Rightarrow \dot{A}_t = r_t A_t + \omega_t L_t - C_t$$

横截性条件为：

$$\lim_{t\to\infty}\lambda(t)A_t e^{-\rho t} = 0$$

求解得：

$$\frac{\dot{C}}{C} = r - \rho$$

$$\omega = C$$

经济位于动态均衡状态时，一定有不变的资产价格 r^*、以恒定速率增长的劳动力价格 w^*，家庭效用取得最大化，且满足供求均衡条件 $Y_t^* = C_t^*$。

2. 厂商动态最优化问题

由于最终产品的生产函数具有规模报酬不变的特征，且最终产品市场是完全竞争的。根据欧拉定理，市场均衡条件下，厂商使用中间产品的支出等于社会所生产的总产品，即 $P_t Z_t = Y_t$。两边取对数意味着对任意一种中间投入品 i 的支出都相同。因此，厂商对中间投入品的最优需求为：

$$z_t(i) = \frac{Y_t}{p_t(i)} \qquad (3-11)$$

根据伯川德限制性定价原则，最近一次创新的垄断厂商将价格定为前一个创新者的边际成本，即 $p_t(i) = MC_{t-1}(i) = \omega_t(1+\lambda)/q_t(i)$。

垄断厂商的利润函数为：

$$\pi_t = z_t(i)[p_t(i) - \beta(\theta)MC_t(i)] = \left[1 - \frac{\beta(\theta)}{1+\lambda}\right]Y_t \qquad (3-12)$$

这里设 $\beta(\theta) = 1/[1 + g(\theta)]$，表示产业集聚是通过影响垄断厂商的边际成本进而影响垄断厂商的利润。当集聚效应大于拥挤效应时 $[0 < g(\theta) < 1]$，产业集聚促进企业创新，垄断厂商生产的边际成本减小；当集聚效应小于拥挤效应时 $[-1 < g(\theta) < 0]$，产业集聚抑制企业创新，垄断厂商生产的边际成本增大。

均衡时，垄断厂商获得的最大化利润为 $\pi_t^* = \left[1 - \frac{\beta(\theta)}{1+\lambda}\right]Y_t^*$。

3. 企业创新决策的动态最优化问题

为了解决企业创新决策的最优化问题，本章构建了关于拥有 n 种生产线的在位企业创新决策的汉密尔顿—雅克比—贝尔曼（HJB）方程：

$$rV_t(n) - \dot{V}_t(n) = \max_i \left\{ \begin{array}{l} \left[n\pi_t - \omega_t \frac{n}{2}\left(\frac{i}{\Gamma\alpha}\right)^2\right] \\ + in[V_t(n+1) - V_t(n)] \\ + \mu^* n[V_t(n-1) - V_t(n)] \end{array} \right\} \qquad (3-13)$$

其中，$V_t(n)$ 表示拥有 n 种生产线的企业拥有的价值，μ^* 表示稳态时经济中的企业创新率。等式左边代表企业的即时无风险回报，等式右边代表企业有风险的预期回报，二者相等。等式右侧第一项为企业总利润 $n\pi_t$ 与企业创新成本 $c(i)$ 之差，即企业营业利润。第二项表示企业以 in 的概率进行创新成功所带来企业价值变动的期望值，第三项表示企业以 $\mu^* n$ 的概率失去一条生产线所带来企业价值变动的期望值。

经济位于动态均衡状态时，$\dot{V}_t(n) = 0$，一定有不变的在位企业创新决策 I^* 最大化在位企业价值 $V^*(n)$。对于进入企业来说，一定有不变的进入企业创新决策 $\tilde{x}^*$ 最大化进入企业价值，此时，市场外企业价值 $V^{out} = 0$。

下面对企业最优的创新决策 i^* 和 e^* 进行求解。

在位企业最优创新决策的必要条件为对式（3-13）两侧关于 i 一阶求导：

$$\omega_t = [V_t(n+1) - V_t(n)](\alpha\Gamma)^2/i \qquad (3-14)$$

得到 $V_t(n)$ 线性于 n 和 ω_t。均衡时，设 $V_t(n) = v^* n Y_t^*$，这里 $v^* = i^*/(\alpha\Gamma)^2$，在位企业最优的创新决策为 $i^* = v^*(\alpha\Gamma)^2$。

进入企业最优创新决策的必要条件为对式（3-9）两侧关于 e 一阶求导：

$$\omega_t = [V_1 - V^{out}]\Phi\alpha \qquad (3-15)$$

均衡时，$V^{out} = 0$，并且 $v^* = 1/\Phi\alpha$，得到在位企业创新决策 i^* 的表达式：

$$i^* = (\Gamma^2/\Phi)\alpha(\theta) \qquad (3-16)$$

根据式（3-9）、式（3-13）和式（3-16），可以得到均衡时进入企业创新决策 e^* 的表达式：

$$e^* = \left\{\left[1 - \frac{\beta(\theta)}{1+\lambda}\right]\Phi - \frac{\Gamma^2}{2\Phi}\right\}\alpha(\theta) - \rho \qquad (3-17)$$

进入企业创新成功即标志着企业进入成功，因此上式反映了企业进入率的决定因素。

3.1.3 数值模拟分析

产业集聚总体效应取决于产业集聚正负外部性（即集聚效应和拥挤效应）之和。基于现有研究结论（杨仁发，2013；邵宜航、李泽扬，2017），产业集聚的正外部性具有边际递减效应，而由拥挤效应引致的产业集聚负外部性一般呈现边际递增的状况（范剑勇、邵挺，2011；王家庭等，2012），由此，本章将产业集聚效应函数设为：

$$g(\theta) = \delta\theta^\eta - \sigma\theta \qquad (3-18)$$

其中，$\delta > 0$，$0 < \eta < 1$，$\sigma > 0$。第一项表示产业集聚的正外部性效应，第二项为产业集聚负外部性效应，两者决定了产业集聚总效应的符号。将式（3-18）分别代入式（3-16）和式（3-17）中，本章得到了有关产业集聚度与在位企业创新率、产业集聚度与企业进入率之间关系的表达式：

$$i^* = (\Gamma^2/\Phi)[1/(1 - \delta\theta^\eta + \sigma\theta)] \qquad (3-19)$$

$$e^* = \left\{ \left[1 - \frac{1}{(1+\lambda)} \frac{1}{(1+\delta\theta^\eta - \sigma\theta)} \right] \Phi - \frac{\Gamma^2}{2\Phi} \right\} \frac{1}{(1 - \delta\theta^\eta + \sigma\theta)} - \rho$$

$$(3-20)$$

由于式（3 – 19）和式（3 – 20）是复杂的非线性的表达式，很难从中直接得到有关产业集聚度与在位企业创新率、产业集聚度与企业进入率之间的变动关系，但可以通过数值模拟的方法来探讨关键变量之间的变动关系。

1. 模拟一：关键变量之间的关系

根据式（3 – 19）和式（3 – 20），通过参数赋值的方法来研究变量之间的变动关系。令参数 $\Gamma = 0.1$，$\Phi = 0.5$，$\delta = 1$，$\eta = 0.5$，$\sigma = 1$，$\lambda = 0.8$，$\rho = 0.1$，利用 Octave 5.1.0 软件进行数值模拟分析，其输出结果如图 3 – 1 和图 3 – 2 所示。

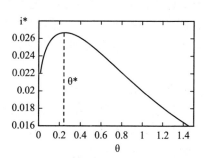

图 3 – 1　产业集聚度与在位企业创新率

注：θ 为产业集聚度，i^* 为在位企业创新率。

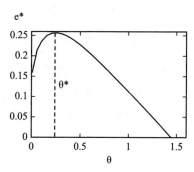

图 3 – 2　产业集聚度与企业进入率

注：e^* 为企业进入率。

数值模拟结果表明：当 θ 为 0 时，i^* 与 e^* 均不为 0，这表示在企业完全分散即产业集聚度为 0 时，仍然会开展创新活动且仍有新企业入驻；当 $0 < \theta \leqslant \theta^*$ 时，表示在要素集聚的初始阶段，集聚效应引致的产业集聚正外部性大于拥挤效应引致的负外部性，产业集聚总效应发挥积极作用，且这种积极作用随着产业集聚水平的提升而增大，表现为促进位企业开展创新活动和新企业的进入，即在位企业创新率和企业进入率均随着产业集聚度的提高而提高；当 $\theta > \theta^*$ 时，表示在产业集聚发展的成熟阶段，产业集聚负外部性大于其正外部性，产业集聚总效应发挥消极作用，且这种消极作用随着产业集聚水平的提升而逐渐增大，表现为阻碍在位企业开展创新活动和新企业的进入，即在位企业创新率和企业进入率均随着产业集聚度的提高而下降。

由于在理论模型的设计中，企业进入和企业退出是同一问题的不同表述，进入成功的企业意味着企业不会退出，进入失败的企业意味着企业退出，因此，产业集聚度与企业退出率之间的关系与产业集聚度与企业进入率之间的关系相反，即产业集聚度与企业退出率之间存在"U"型关系。

基于以上分析，本章得到以下基本判断。

第一，产业集聚度与在位企业创新率之间存在倒"U"型关系。

第二，产业集聚度与企业进入率之间存在倒"U"型关系，产业集聚度与企业退出率之间存在"U"型关系。

2. 模拟二：比较静态分析

根据式（3-16）和式（3-17），可以得到有关产业集聚度、在位企业创新率与企业进入率三者关系的表达式：

$$i^* = \sqrt{(e^* + \rho)^2 + 2\left[1 - \frac{\beta(\theta)}{1+\lambda}\right][\alpha(\theta)\Gamma]^2} - (e^* + \rho) \quad (3-21)$$

根据式（3-21），本章可以通过参数赋值法研究当企业进入率变动时，产业集聚度对在位企业创新率的影响如何改变。分别选取企业进入率为 0.1、0.2 和 0.3，利用 Octave 5.1.0 软件进行数值模拟分析，其输出结果如图 3-3 所示。

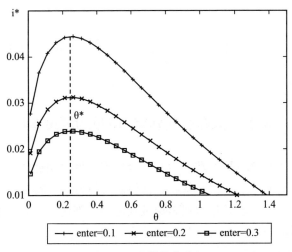

图 3 – 3　比较静态分析

　　由图 3 – 3 可以看出，企业进入率取不同数值时产业集聚度对在位企业创新率的影响函数曲线发生变化。当企业进入率选取不同参数值时，产业集聚度与在位企业创新率之间均表现为倒"U"型关系，但产业集聚度对在位企业创新率的影响不同。

　　当 $0 < \theta \leqslant \theta^*$ 时，集聚效应大于拥挤效应，企业进入率越高，拥挤效应引致的产业集聚负外部性越大，产业集聚正向总效应随之减弱，单位产业集聚度的增加引起在位企业创新率提高的幅度减小；当 $\theta > \theta^*$ 时，集聚效应小于拥挤效应，企业进入率越高，集聚效应引致的产业集聚正外部性越大，产业集聚负向总效应随之减弱，单位产业集聚度的增加引起在位企业创新率下降的幅度减小。

　　根据本书有关静态研究和动态研究视角的界定，关于产业集聚与企业创新理论关系的基本判定说明如下：对于基本判定 1，当不考虑企业进入和企业退出影响时，产业集聚与在位企业创新之间的理论关系属于静态研究范畴。对于基本判定 2 和基本判定 3，产业集聚与企业进入和企业退出之间的理论关系、企业进入动态影响下产业集聚与在位企业创新之间的理论关系则属于动态研究范畴。

3.2 产业集聚对企业创新影响的机制分析

3.2.1 从理论关系分析转向机制分析的说明

理论模型推导的基本判定为本章分析中国城市制造业集聚对企业创新的影响提供了一定的理论基础。在机制分析方面，本部分将围绕着理论关系中的基本判定对其微观影响机制进一步细化，对其反映的现实问题进一步引申，并提出研究假说。

1. 现实问题的延展

分析中国的经济问题应考虑中国的政治体制和经济转型现实背景。因此，本章在分析中国城市制造业集聚对企业创新的影响机制时，将依托于中国城市制造业集聚形成的现实背景对理论关系推导的基本判定作出进一步判断。

（1）静态机制分析视角。静态视角的研究适合于分析政府干预背景下产业集聚的初始形成阶段，并先验地假定产业集聚是封闭的环境。因此，在产业集聚对企业创新的静态影响机制分析中，本章将围绕着基本判定 1 探讨中国城市制造业集聚对在位企业创新的影响效应及其内在机制，并提出研究假说。

（2）动态机制分析视角。动态视角的研究对应于"后政策租"时代背景下产业集聚的成熟发展阶段，并经验地设定产业集聚作为企业寻求利润来源的外部性环境，是一个开放而非封闭的系统。从现实发展背景来看，当"政策租"淡化之后，产业集聚开始因内在发展动力、开放程度以及所在城市经济发展和服务水平的差异而出现分化。本书将此归结为产业集聚演化带来的影响。其中，作为政策型产业集聚形式的开发区经历的多次转型就是产业集聚演化的典型例证。产业集聚趋向最优水平的发展过程，都对应着单一类型的产业集聚向多样化的产业集聚并存的过程。因此，有必要从差异化的产业集聚及其演化的角度进行动态视角下的机制分析。

在产业集聚对企业创新的动态影响机制分析中，本部分将围绕着基本判定 2 和基本判定 3 在"专业化"与"相关多样化"的新型二元产业集聚类型划分下，探讨不同类型的产业集聚及其演化对企业动态、企业创新的影响效应及其内在作用机制，并提出研究假说。

2. 微观影响机制的细化

有关产业集聚影响企业创新的命题在很多研究中得到验证。然而，它们究竟是以怎样的方式作用于企业创新则涉及得相对较少。随着企业创新问题研究的逐步深入与细化，有关企业创新模式选择的研究也不断地涌现。国外的大量文献（Martínez - Ros and Labeaga，2009；Goedhuys and Veugelers，2011；Ballot et al.，2015；Hullova et al.，2016）认为，产品创新和工艺创新的有机结合有益于企业成长。而管（Guan，2009）的研究则表明，中国企业在技术创新选择上主要偏好依靠改善工艺流程来提高生产效率的工艺创新。毕克新等（2012）认为，制造业企业如果同时兼顾产品创新和工艺创新，能形成以市场和成本为代表的双重竞争优势，并且政府在促进制造业企业产品创新与工艺创新协同发展方面具有不可或缺的作用。

这为本章研究产业集聚影响企业创新的微观机制提供了重要启示，本书将从企业创新选择角度对产业集聚影响企业创新的静态和动态影响机制进一步细化。

3.2.2　产业集聚对企业创新的静态影响机制分析

1. 产业集聚条件下创新效应的形成机制

在政府干预和市场诱致分别主导的条件下，产业集聚为企业发展提供不同的租金来源，影响企业战略选择的路径也互不相同，由此引发了不同创新模式选择。这里，"低成本战略"是指专注于成本降低的竞争战略，"差异化战略"是指成本可行时追求产品或服务差异化的竞争战略。与之相对应的创新模式可以分别视为高端创新模式（产品创新和工艺创新并举）[1] 和低端创新模式（仅限于工艺创新）[2]。图 3 - 4 揭示了

------

①　产品创新与工艺创新的合理并举是提高制造业企业创新能力的重要途径之一（毕克新等，2012），故本章把产品创新和工艺创新并举的创新模式界定为高端技术创新模式。

②　企业对两类技术创新模式的选择并不均衡，中国的制造业企业多以改善工艺流程和提高生产效率的工艺创新模式为主（Guan，2009），故本章把仅进行工艺创新的创新模式界定为低端技术创新模式。

不同形式的集聚租对企业创新率及其创新模式的影响机制。

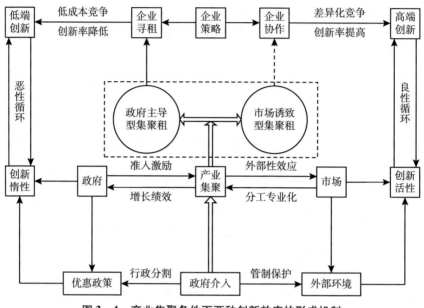

图 3－4　产业集聚条件下两种创新效应的形成机制

（1）市场诱致主导产业集聚创新效应的形成回路与良性循环机制。市场诱致型集聚租是市场机制促进产业要素集聚的原动力。企业为了获得诸如区位优势等经济因素而在某一地理空间自发集聚，并由此获得因接近于该特定空间所带来的超额利润，本章称为"市场诱致型集聚租"。首先，市场机制促进分工组织的演进。分工的深化使得单个企业无法凭借自身满足市场的需求，企业之间迫切需要资源共享、优势互补及风险和成本共担（臧旭恒、何青松，2007）。在此背景下，产业集聚积极的外部性效应会使得企业之间逐渐形成一种相互关联的"协作流"，企业之间逐渐形成一种生产协作网络。这种网络关系不仅有助于企业之间进行交互式学习，而且可以加速知识外溢、知识分享（Chiu and Lee，2012）。其次，网络式创新的特点主要体现为企业通过组织间的互动来实现知识的产生、传递和积累（Steinle and Schiele，2004），对企业创新能力的提高反映为群体性的绩效。特别是对具有高技术风险特点的产品创新来说，企业外部网络关系的作用更加明显（Lee and Park，2006），更加印证了产业集聚的组织环境对企业创新的重要性。

最后，企业之间的互动会使不同企业间共享低成本、兼容差异化（韵江，2003），因此集聚区内的网络关系有利于企业选择差异化的竞争战略。典型案例如意大利萨斯索罗的瓷砖产业集群，该产业不仅从烧制方法上、产品设计上注重创新，而且从组织方式上进一步创新，差异化竞争的优势十分明显（储小华，2004）。

除市场诱致型租金以外，集聚区内的企业主要通过创新来获得超额回报，即创新租金。随着创新租金成为集聚区内租金的主要来源，集聚区内企业表现出极大的"创新活性"，使得企业积极学习更高难度的创新，在位企业创新率得以提高，并由此形成良性循环。此时，如果政府的合理介入能够有效地维护市场公平竞争和产权利益，将在集聚租与企业的竞争战略、创新模式选择之间建立起良性循环的自增强机制，有利于集聚环境下的产业升级与结构转型。

（2）政府主导产业集聚创新效应的形成回路与"创新惰性"的成因。政府主导型集聚租是政府干预背景下产业要素集聚的外部驱动力。企业为了享受相对低成本的生存环境和便利的公共服务而在某一地理空间集聚，并由此引发一系列的寻租行为，进而获得因接近该特定空间而带来的相关利得，本章称为"政府主导型集聚租"。首先，政府干预破坏了产业集聚的自我演化机能，导致了集聚区内的企业难以建立稳定的生产协作网络关系，企业开展高端创新的意愿随之降低。其次，政府干预产业集聚形成的要素成本补贴、产品价格补贴和财政补贴等优惠政策极大地激发了企业的寻租行为。企业寻租的行为惯性为制造业企业的集聚营造了依赖低成本竞争的生存环境（Claessens et al.，2008；白俊红、卞元超，2016），使得集聚区内的企业整体面临着资源配置扭曲的制度约束，导致它们对市场环境的变化不敏感，难以根据市场需求、技术趋势和产业链动态适时调整自己的竞争策略。最后，政府不当干预将干扰企业对区位的选择机制，通过产业集聚的拥挤效应加剧企业之间的恶性竞争，抑制了基于市场诱致的集聚外部性效益的形成与释放，使得中长期内企业被锁定在单一依赖低成本竞争的发展路径上。那么，在企业创新模式方面，由于利润增长的空间被企业寻租成本和不断上升的要素成本所挤压，企业难以也畏于采取投入高且风险更大的高端创新活动。如果这成为集聚环境中企业发展的一种集体选择，就会造成广泛的"创新惰性"。正是由于"创新惰性"的存在，使得企业创新率低下、产业转型升级困难重重。

本章把企业热衷于追逐易于模仿的低端创新，却忽略了对新产品或服务研发创新的现象界定为企业的"创新惰性"。这种"创新惰性"的形成，有其特定的制度背景和体制原因，因而会受到制度因果作用机制的强化：产业集聚作为地方政府主导产业发展的主要方式，是行政分割下"GDP增长锦标赛"的产物，除了造成学界广泛诟病的产业同构以外，还容易导致发展模式的雷同和产业集聚的组织僵化，阻碍区域间要素的自由流动和资源的有效配置，恶化产业集聚持续发展的市场环境。长期来看，企业"创新惰性"的存在，最终会加速产业集聚的衰退，使得产业转型面临企业微观创新动力丧失、低成本竞争方式难以为继、产业升级无门的困境。

2. 中国城市制造业集聚条件下创新效应形成机制

以上理论机制表明，市场主导下的产业集聚能够激励企业的创新活性，而由政府过度干预甚至主导下的产业集聚不仅难以培育外部经济形式的集聚租，还会在企业寻租成本的压力下陷入依赖于低成本竞争的发展路径，造成集聚范围内企业普遍的"创新惰性"。因此，在其他影响因素保持不变的情形下，产业集聚中的政府力量和市场力量的作用大小及其不同组合将诱发不同的企业创新模式选择。显然，较大的以政策优惠为形式的"政策主导型集聚租"和较小的以外部经济形式存在的"市场诱发型集聚租"的组合，符合中国城市大多数产业集聚的租金构成情况，更容易使企业的创新模式选择陷入依赖于企业寻租的低成本竞争的发展路径，并且这种依赖作用将随着产业集聚程度的提高而增大，企业的"创新惰性"也随之增强，在位企业创新率随之降低。

中国产业集群的快速成长多是依赖于政府的主导，也不乏基于市场机制形成的产业集群，但普遍存在着知识创新或自主创新能力不足的问题（张杰等，2011）。即使是典型的省级开发区，虽然能够大幅度提高主导产业的经济规模，但并不能促进工业生产效率的提升（吴敏、黄玖立，2017）。本章认为，企业寻租成本压缩其利润空间继而对开展创新活动具有"挤出效应"是一个重要原因。已有研究证明，产业要素的集聚通常以压低劳动力成本为代价（杨仁发，2013），进而带来整个要素市场的扭曲（张杰等，2011a）。要素市场的扭曲激发了企业捕捉和利用要素市场扭曲所创造的寻租机会，使企业通过建立与政府官员的联系来获得低成本的生产要素（包括税收减免和补贴等方式），因此其投资于创新的动力和压力较小（张杰等，2011b），从而抑制了工业企业生产率的提高（毛其淋，2013），降低了在位企业的创新率。

　　问题的严重性还不止于此，企业的创新不足之所以具有普遍性，是由于地方政府基于追求增长绩效的目的发展产业集聚，破坏了创新组织生态形成与演化的市场根基，通过负向的自增强效应，在市场需求、制度环境和要素资源等诸多方面挤压了企业创新模式选择的空间。如图 3 - 5 所示，基于这些认识，本章提出了研究假说，并尝试加以验证。

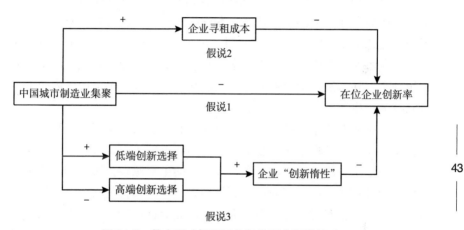

图 3 - 5　静态影响机制下的相关研究假说关系

注："+"代表正向影响，"-"代表负向影响。

　　假说 1：在其他影响因素不变的情况下，中国城市制造业集聚对在位企业创新率具有负向影响。

　　假说 2：企业寻租成本是中国城市制造业集聚降低在位企业创新率的一个可能的中间机制。

　　假说 3：企业"创新惰性"是中国城市制造业集聚降低在位企业创新率的一个可能的中间机制。

3.2.3　产业集聚对企业创新的动态影响机制分析

　　在静态影响机制中，本章将企业的创新选择分为高端创新（产品创新和工艺创新并举）和低端创新（仅选择工艺创新）两种类型，认为企业寻租的行为惯性为制造业企业的集聚营造了依赖低成本竞争的生存环境，导致企业技术创新模式的低端化。本书将这种环境下企业低端创新模式的集体选择行为界定为一种特定形式的"创新惰性"。然而，上述研究仍囿于静态视角，未考虑到企业动态因素及其对产业集聚演化带来的影响。

1. 专业化和相关多样化集聚分类的说明

产业集聚区内企业的技术创新导向分为两种类型：一是获取成本竞争优势，增加企业利润；二是赢得产品竞争优势，获取垄断利润（万道侠、胡彬，2018），分别对应于低端创新和高端创新两种创新选择，也构成了影响企业动态的主要动因。本章认为，企业创新的异质性需求将促使企业选择不同的产业集聚类型，标识后者的主要特征（如地理位置、产业密度及构成、企业生产率等）则会影响企业创新选择的进入和退出动态，并通过改变企业生存的组织环境，进一步对集聚区内企业的创新行为产生影响。

在传统的对集聚经济与企业创新关系的研究中，通常用 MAR 外部性和雅格布斯外部性来区分集聚经济的不同类型。前者认为同一产业内部的知识溢出是推动地区创新和经济增长的主要源泉，后者则认为多样化的产业结构比单一的产业结构更具创新活力，具备关联或互补性的经济个体之间的信息交流与知识外溢更能有效促进创新。以佛瑞肯为代表人物的演化经济地理学将多样化进一步区分为相关多样化和无关多样化，认为以技术关联为基础的相关多样化才是度量雅格布斯外部性的最佳指标（Frenken et al.，2007）。对此，学者们展开了大量研究，普遍认为相关多样化更符合雅格布斯对多样化知识溢出的诠释（Boschma and Iammarino，2009；Boschma et al.，2012；Aarstad et al.，2016）。由此，本部分将在"专业化"与"相关多样化"的新型二元产业集聚类型划分下（图3-6揭示了两类产业集聚中企业动态与企业创新选择的动态增强机制），讨论中国城市制造业集聚对企业动态的影响作用，及企业进入动态影响中国城市制造业集聚创新效应的形成机制，并提出有待验证的假说。

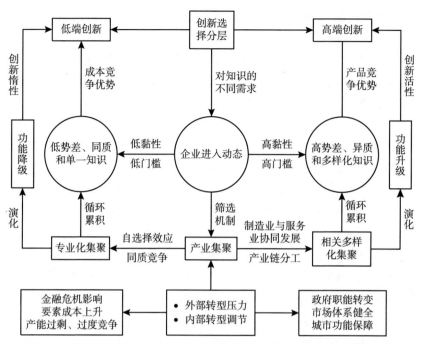

图 3 – 6　考虑企业进入动态时的产业集聚演化及其对企业创新的叠加影响

2. 中国城市制造业集聚条件下企业动态的形成机制

（1）专业化集聚与企业进入和退出动态：特点与倾向。动态地看，专业化集聚的优势在于：通过吸引相似企业（包括价值链位置相似、技术水平相似和生产流程相似等多种情况）的进入，知识外溢的学习效应促使本行业企业生产效率进一步提高。专业化集聚程度越高，对新进入企业生产率水平的要求就越高，区位"自选择效应"越明显（李瑞琴、孙浦阳，2018），与此同时，竞争效应和拥挤效应又会迫使低效企业退出集聚区。这也可以被理解为专业化集聚对在位企业的黏性越弱，企业竞争的激烈程度和生存压力越大，这不利于企业长期生产率的提高。沈能等（2014）的研究验证了，随着产业集聚由弱变强，其对生产率的影响表现为先促进后下降。其重要原因在于，专业化集聚中企业之间的技术势差较小、知识互补性不强，使得产品的同质性较高，在激烈市场竞争的影响下，来自成本优势的利润空间被不断挤压，企业更倾向短、平、快的流程创新，即低端创新。专业化集聚经济对具有从事相类似企业的"选择效应"使得行业内企业生产效率提高，激烈的"竞争效应"

和"拥挤效应"的存在均会降低企业进入率，提高企业的退出率。具体如图 3 - 6 所示。

（2）相关多样化集聚与企业进入和退出动态：特点与倾向。相对于专业化集聚环境而言，企业进入多样化集聚环境的门槛要更高一些，但是后者却能够为企业提供具有较大知识宽度和技术势差的合作和学习机会，企业进入多样化集聚环境的选择将以缔结与区内其他企业的技术联系为依据，获得由分工深化、知识外溢以及价值链升级等带来的利润。因此，在相关多样化的产业集聚中，即便是同一类产品，面临的也主要是如何通过差异化来提高竞争力的问题。由于相关多样化能够避免过度专业化的弊病，比较容易从外部获取新知识，较少受到认知锁定的影响（Cainelli et al.，2014），所以这类产业集聚有利于从供给角度满足企业从事更高水平创新的需求。此外，相关多样化集聚所具备的技术层面的范围经济，将在整体上提升企业产品创新的成功概率。创新者总是能不经意地将不同但相关的知识、技能、观念、工艺、材料和人造物重新组合起来，继而改善生产技术与管理水平，或者形成新的产品与服务（李福柱、厉梦泉，2013）。产业间技术相关大大提高了企业的存活率，技术关联性似乎是企业生存中集聚效应的主要来源（Neffke et al.，2012）。因此，相关多样化集聚度越高，集聚外部性对企业进入的激励作用也就越大。与此同时，技术层面的范围经济和市场规模经济会大大减少企业退出，这也可以理解为相关多样化集聚环境对在位企业的黏性较强。

（3）研究假说。以上的理论机制表明，不同类型产业集聚在因其外部性差异引起企业创新选择分层的同时，也会对企业动态产生差异性影响。具体为，专业化集聚对企业进入的吸引作用将随着集聚程度的提高而发生改变。当拥挤效应占主导地位时，企业进入随着集聚程度提高而减少，企业退出则随之增加。相关多样化集聚则因其差异化的外部性对企业进入和退出的影响作用也不相同，表现为对企业进入具有正向影响作用，对企业退出具有负向影响作用。

产业集聚作为企业寻求利润空间的外部环境，是一个开放而非封闭的系统。城市功能和区域发展赋予产业集聚环境的金融和政策环境等特征都是影响企业"用脚投票"的重要因素。正如史进、贺灿飞（2014）所指出的，中国的企业进入和企业退出研究应该重视中国的政治体制和经济转型的背景。大多数的国内学者研究了诸如税收优惠、价格补贴、政府补贴等行政性政策激励对企业进入和企业退出的影响，且大部分研究发现这种政策性激励能够吸引企业进入，抑制企业退出。比如，李跃（2017）的研究表明地方政府干预加剧了市场信息不完全，造成了地区不合理的企业进入，致使中国制造业与生产性服务业的错位发展。陈艳莹等（2008）和杜传忠、郭树龙（2010）对服务业企业进入退出影响因素的研究也得到了类似的结论。

基于以上分析，本章提出以下有待验证的假说。

假说4：在其他影响因素不变时，专业化和相关多样化集聚均对企业进入率具有正向影响，对企业退出率具有负向影响。

3. 企业进入动态①影响中国城市制造业集聚条件下创新效应形成机制

本部分主要分析两类产业集聚中企业创新选择的动态增强机制。其中，企业进入动态对产业集聚的影响是导致企业创新选择被强化的重要因素。那么，在这种机制下的产业集聚环境又会发生怎样的演化，对中国现实经济的解释力何在？这是下面将要讨论的问题。

本书认为不同类型产业集聚在因其外部性差异引起企业创新选择分层的同时，为获取知识和促进创新的企业进入动态，将通过"筛选机制"增强对产业集聚的差异化影响，从而促进产业集聚的演化。如果企业进入动态的同质性很高，那些高度专业化的地区就极有可能陷入"选择性锁定"的状态。在市场机制作用下，这种状态持续叠加会进一步导致整个产业集聚的自我封闭和衰退，而集聚区内企业则将经历集体性的创新活力丧失。值此，本章提出了另外一种主要受市场选择影响的、由产业集聚"降级"造成的企业"创新惰性"。

在产业集聚（在我国，主要表现为政府设立的开发区②）成为企业

①　这里将企业进入动态视为一种排除了企业退出的净进入动态，虽然未分析企业的退出动态，但是考虑到企业的进入动态本身就反映了对产业集聚环境的发展规模、结构以及是否拥挤等整体评估之后的选择行为，所以并不影响分析的结果。

②　由于开发区集中了围绕着产业发展的一揽子制度与政策创新，是要素、资源集中配置和企业相对密集分布的场所，加之产城融合的总体趋势，可以成为城市层面上观察和分析集聚环境演化、动态分异的合适样本。在此，对产业集聚问题的研究以开发区为缘起展开但又不限于后者的讨论范畴。

生存、发展与创新的遍在环境时，① 由环境升级困境导致的企业创新乏力是比单纯的企业创新能力不足更加值得警惕的现实问题。2010 年以后，开发区转型压力进一步加大，它所依托的产业集聚因内在发展动力、开放程度以及所在城市经济发展和服务水平的差异而出现分化。此时，产业调整的重心放在了发展服务外包产业、金融和物流等现代服务业上，强调产业链招商和构建产业群（沈宏婷、陆玉麒，2011）。这意味着，在政策引导下的企业进入具有更加明确的指向性。

然而，由于发展现代服务业存在一定的门槛，② 这导致开发区转型的集聚演化过程在技术、地理和产业协调发展多个维度上凸显出不平衡。在此情形下，充当企业发展环境的产业集聚的整体优势将受到企业进入动态较大程度的影响。在转型竞争中处在落后地位的开发区，由于只能吸引那些创新能力不足或主要从事低端创新活动的企业，将经历一个集聚环境降级的过程。反之，那些能够逾越转型门槛的开发区则会实现产业集聚环境的整体升级。

开发区转型的政策信号及其进展与绩效都会激发和引导企业进入动态的"自选择效应"，并以循环累积的方式调节产业集聚环境的组织构成。国内的不少研究认为（梁琦等，2013；李晓萍等，2015；王永进、张国峰，2016），在我国显著存在着企业的空间"自选择效应"。异质性企业的空间分布是企业主动选择的渐进过程而非随机的（Ottaviano，2012），并且呈现出"高效率企业—相对优势区位、低效率企业—相对劣势区位"的空间结构特征（Venables，2011）。经过选择，低效的企业退出市场，而新进入企业的生产效率较高，能够通过学习效应实现自身生产率的快速提高（毛其淋、盛斌，2013）。综上分析可知，不同类型的产业集聚对应着企业进入动态的不同创新选择，而选择了不同产业集聚的企业又会获得

---

① 根据相关资料（李贲、吴利华，2018），作为政策设立的产业集聚区，开发区企业数量、开发区内企业占总企业的比例基本上呈现逐年上升趋势。

② 现代服务业的发展门槛主要体现在两个方面：其一，它具有技术含量高、规模经济显著和劳动生产率提高快的特点（江小涓，2011），可概括为技术特征上的门槛；其二，制造业与生产性服务业各区域耦合协调度具有明显的"梯度化"特征，呈现由西向东逐渐增强、由沿海区域向内陆区域逐步塌陷的分布状态（唐晓华，2018），表现为产业间的协调性门槛及地理偏向特征。这两方面的"门槛"影响，使得产业集聚在转型过程中就在不断对企业的进入动态进行着筛选，被"门槛"阻挡在外的产业集聚就容易被低端的企业进入动态锁定在无法升级、转型困难的境地。

差异化的学习机会，表现为产业集聚对企业生产率提升能力上的差异。

可见，当考虑企业进入动态的叠加影响时，产业集聚的演化趋势则需重点关注。关于专业化集聚环境，沈鸿、向训勇（2017）认为专业化集聚程度过高并不利于企业成本降低，而且会使企业陷入价格竞争，导致成本加成下降。另有学者从侧面对主导产业的研究表明（包群等，2017），在同一辖区内部的雷同集聚是造成企业产能利用率下降的关键原因，主要发生在增长竞争压力更为激烈的东部沿海，并且企业在主导产业引导下会新增投资与扩张产出，但未出现生产率的改进以及新产品销售的增加。本章认为，在学者给出的地方政府过度竞争的原因之外，由市场因素引起的"专业化集聚租"对企业进入动态的"自选择效应"也会导致产业集聚环境因知识同质而陷入"功能锁定"。在淡化"政策租"的开发区转型背景下，政府对竞争的直接介入会减弱，而通过企业进入动态对产业集聚的累积性影响（表现为企业创新选择的分层式集聚）将发挥重要的作用。受"自选择效应"的影响，专业化集聚中的企业普遍缺乏相对高端产品创新的动机与能力，使产业集聚环境自身面临功能"锁定"和"降级"的持续发展危机。由此导致的"创新惰性"是开发区转型中面临的主要问题。

49

有别于专业化，多样化的优势来源于：劳动力分工种类越细化，经济体衍生出更多商品和服务的能力就越强（Jacobs，1969），即多样化的分工层次和产品创新能力都要高于专业化。孔唐和佛瑞肯（Content and Frenken，2016）认为，多样化具备的衍生效应是通过技术、市场等相关知识的传播实现的。这意味着，对相关多样化集聚而言，企业进入动态的目的也将围绕着获取这两类知识而展开。一方面，技术知识的获取，主要是通过建立产业之间的生产技术关联和共享中间投入品关联带来的溢出效应；另一方面，市场知识的获取，主要取决于市场体系的健全与否和制度设施的"厚度（thickness）"（包括专门服务于知识流动、技术交易的市场主体、功能性机构及相关行业部门），生产性服务业的发展状况是一个重要权衡因素。知识要素的丰富性、积累规模、转化效率等，都是多样化集聚异质于专业化集聚的方面。在开放条件下，为获取、利用知识以便对产业之间资源进行整合的产品创新需求，是企业进入多样化集聚的动机。多样化集聚凭借知识宽度赋予的分工优势和服务功能的黏性，有利于企业进入避免同质化和过度竞争，提高企业从事高端创新活动的概率，增强其对拥挤和竞争效应的抵御能力。因此，多样化集聚环境的稳定性和可持续性都要强于专业化集聚，在吸引企业、要素和资源进一步集聚上占据优势，并会带来整个产业集聚的功能升级。

综上分析，由于产业集聚的组织环境是受到企业进入动态影响的开放系统，受创新动机支配的企业进入动态将遵循分层的偏好，对产业集聚产生累积性影响，从而将导致产业集聚朝不同方向渐进演化：专业化集聚会因为同质竞争加剧而发生持续发展动能不足、引发产业集聚的功能衰退与降级下的企业"创新惰性"，企业创新在这种环境中很难向更高层次突围，在位企业的创新率也随之降低。而相关多样化的产业集聚，则可能因为企业进入动态的异质创新需求，弱化拥挤效应的负面影响，提高在位企业的创新率，在持续发展过程中不断完善组织机能，实现产业集聚的整体升级，如图3-7所示。基于此，本书提出以下研究假说。

假说5：在其他影响因素不变时，企业进入动态越强，专业化和相关多样化集聚对企业创新选择的分层影响则越强。

假说6：在其他影响因素不变时，企业进入动态越强，专业化和相关多样化集聚对在位企业创新率的差异性影响则越大。

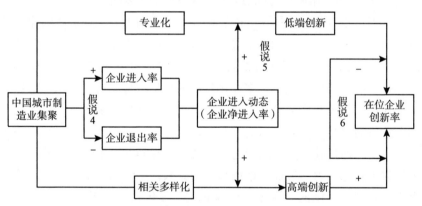

图3-7 动态影响机制下的相关研究假说关系

注："+"代表正向影响，"-"代表负向影响。

3.3 本章小结

本章主要以研究问题为导向，通过构建理论模型，推导产业集聚与企业创新、产业集聚与企业进入动态等关键变量之间的理论关系，得到基本判定。在此基础上，从企业创新模式选择这一更微观的角度进行机制分析，依托于中国城市制造业集聚形成的现实背景对本书的研究问题作出最终判断，提出研究假说。

在理论关系分析部分，本章主要借鉴阿吉翁等（2016）的建模思路，通过将产业集聚变量引入到熊彼特式的创新增长模型，构建了有关产业集聚与企业创新关系的"动态创新增长模型"。本章对关键变量之间的理论关系作出基本判定：第一，产业集聚度与在位企业创新率之间存在倒"U"型关系；第二，产业集聚度与企业进入率之间存在倒"U"型关系，产业集聚度与企业退出率之间存在"U"型关系；第三，当产业集聚度低于最优水平时，企业进入率减弱了产业集聚度对在位企业创新率的正向影响作用。当产业集聚度高于最优水平时，企业进入率减弱了产业集聚度对在位企业创新率的负向影响作用。

在静态影响机制分析中，本书将制造业集聚的形成机制分为政府主导型和市场诱致型两类，认为较大的以政策优惠为形式的"政策主导型集聚租"和较小的以外部经济形式存在的"市场诱发型集聚租"的组合，符合大多数中国城市制造业集聚的租金构成情况，更容易使得企业的创新模式选择陷入依赖于企业寻租的低成本竞争的发展路径上，并且这种依赖作用将随着集聚程度的提高而增大，企业的"创新惰性"也随之增强。在此本书提出了政府干预背景下企业寻租的行为惯性所造成的企业"创新惰性"和研究假说。

在动态影响机制分析中，本书在"专业化"与"相关多样化"的新型二元产业集聚类型划分下展开分析，认为不同类型产业集聚因其外部性差异引起企业创新选择分层，受创新动机支配的企业进入动态将遵循分层的偏好对产业集聚产生累积性影响，导致产业集聚朝"劣化降级"或"优化升级"的方向渐进演化，引发产业集聚环境的功能衰退与降级下的企业"创新惰性"或产业集聚环境整体升级下的创新活性。这里提出了另外一种主要受市场选择影响的、由产业集聚"降级"造成的企业"创新惰性"和研究假说。

第4章 中国城市制造业集聚与企业创新的测度及特征事实分析

4.1 引　言

随着产业集聚理论的日益深入与完善，有关产业集聚的实证研究也更加丰富和多元化，衍生出多种多样测度产业集聚的方法。特别是微观企业层面数据的可得性与计算机交叉应用能力的提升，更加促使产业集聚的测度方法不断地推陈出新。这一现象的发展使得研究者在进行产业集聚实证研究时面临很多种测度方法的选择。

产业集聚测度方法不同，其构建原理及实用性也不同，选择恰当的测度方法是实证研究的前提和基础。就目前的研究现状来说，产业集聚的测度方法越来越趋向复杂化，但需要指出的是，产业集聚的测度方法并不是越复杂越准确，也不是越复杂越高级。陈建军、陈怀锦（2017）的研究表明，并不存在一种完全理想的测度方法，要综合考虑研究对象与现实数据可得性两方面因素的影响对产业集聚的测度方法进行选择。刘春霞（2006）的研究指出，在产业集聚测度的实际应用中，应该有针对性地选择计算简单又能达到研究目的的方法。从现有研究来看，研究者大多追求新的测度方法的应用，并没有对测度方法的适用性进行判断，这导致了产业集聚度量新方法的过度使用或错用。部分学者对产业集聚的测度方法进行了归纳和综述，比如陈建军、陈怀锦（2017）将产业集聚的测度方法按照历史发展脉络分为第一代集聚指数、第二代集聚指数和第三代集聚指数。刘春霞（2006）将产业地理集中度的测度方法分为单一地理尺度方法和基于距离的多空间尺度方法，本章在此基础上对产业集聚测度的方法进一步深入和细化。

与以往的研究不同，本章根据测度主体对产业集聚的测度方法进行分类研究，并对不同分类标准下的产业集聚类型进行测度。从研究主体角度进行区分，本章将产业集聚的测度研究分为总体性测度研究与细分类测度研究两大类。总体性测度研究即不区分产业集聚具体类型，对产业集聚总体集聚度进行度量，进而对产业集聚整体性集中情况进行描述的相关研究。细分类测度研究追踪前沿，将产业集聚区分为专业化集聚和相关多样化集聚两种类型进行分类测度。

本章的主要内容是对现有产业集聚测度方法进行系统化总结，根据产业集聚的主体不同，对产业集聚的测度方法进行归纳总结，并阐述适用于本章研究的产业集聚测度方法及其原因。章节安排如下：4.2 为中国城市制造业集聚的总体性测度及特征事实分析，主要包括测度方法的选取及其原因、数据来源及产业集聚度的测算、测算结果及描述性统计分析三个方面内容。4.3 为中国城市制造业集聚的细分类测度及特征事实分析，主要包括专业化、相关多样化层面集聚度测度方法的选取及度量，并对其测度结果分别进行描述性统计分析。4.4 为中国城市制造业企业创新的测度及特征事实分析。4.5 为本章小结。

4.2 中国城市制造业集聚的总体性测度及特征事实分析

4.2.1 产业集聚总体测度方法的归纳与选取

1. 测度方法的归纳

（1）第一代测度方法。在产业集聚总体测度方法中，共有三代测度方法，其中行业集中度、区位熵、赫芬达尔指数、空间基尼系数属于传统度量产业集聚的第一代测度方法。该类测度方法的共同特点是通过衡量特定空间单元或区域内某些产值最大或就业规模最大企业占全部行业的比重或单个个体与全行业均值的偏离描述产业空间分布的不平衡性，进而度量产业集聚程度。

从不同方法的适用性及应用分别来看，行业集中度是用规模最大的4个或8个地区某产业的就业人数或产值占整个市场份额来表示，在测度产业集聚的实际应用中相对较少，通常被用来衡量行业市场结构的重要指标，如杨（1998），杨天宇、张蕾（2009）的研究。区位熵也称专门化率，通常衡量区域部门或产业要素相对总体区域或部门的空间分布情况，反映部门或产业的专门化水平。其在国内外的研究中较为常见，如格莱赛（1992），亨德森等（1995），巴蒂斯（Batisse，2002），彭向、蒋传海（2011），杨仁发（2013），霍春辉、杨锐（2016）等的研究。赫芬达尔指数是用于衡量市场竞争和市场结构的重要指数，如陈林、朱卫平（2011），李俊青等（2017）的研究。在集聚经济领域的应用中，研究者们常用赫芬达尔（HHI）指数的倒数来衡量产业多样化的程度（Gleaser，1992；Henderson et al.，1995；Blien et al.，2006；李金滟、宋德勇，2008；吴三忙、李善同，2011；范剑勇等，2014；赵伟、隋月红，2015；茅锐，2015；季书涵等，2016）。

以上三种测度方法计算相对简单，能够简单描述产业空间分布的不平衡现象，但在度量产业集聚总体水平时相对粗糙。空间基尼系数是根据产业活动在各区域间分布的份额差异计算而来的，可以衡量产业间总体分布的不平衡性，但无法控制企业规模分布及差异带来的影响。比如大规模的企业无论属于哪个区域，空间基尼系数值都会因该区域较大的产业份额而较高，因此，较高的空间基尼系数值并不能代表该地区产业集聚度高。尽管空间基尼系数存在缺点，但它是传统衡量产业集聚或产业集中度最为常用的方法。该方法始于克鲁格曼等（Krugman et al.，1991）的研究，用于测算美国制造业集聚程度，之后被广泛地应用。比如梁琦（2003）首次计算了中国工业的区位基尼系数，文（Wen，2004）构造了产业基尼系数，其在贺灿飞、谢秀珍（2006），王业强、魏后凯（2007），陈建军等（2009）等的研究中也均有应用。

（2）第二代测度方法。第一代测度方法虽然能够刻画产业集聚的不平衡现象，但由于没有考虑企业规模差异及分布的影响，产业之间的集聚水平无法比较。埃利斯顿和格莱赛（Ellison and Glaeser，1997）针对第一代测度方法的不足，基于企业区位选择理论对空间基尼系数进行优化，提出了第二代测度方法——EG指数。该指数综合考虑了行业和企业两个层面的因素，控制了产业内企业规模分布的影响（将 HHI 指数加入公式中），使得产业间可比。由于企业的集聚是基于区位特殊禀赋或行业内企业之间的溢出效应而集聚在一起的，因此，EG 指数还能够区分产业集聚是随机集中还是企业间由于共享外部性或自然优势而集中。

　　自埃利斯顿和格莱赛（1997）的研究问世以后，EG 指数得到了广泛的应用。研究者们采用 EG 指数对不同国家制造业集聚程度进行测度，如胡德宾（Houdebine，1999）、罗森塔尔和斯特兰奇（Rosenthal and Strange，2001）、德弗罗（Devereux，2004）、亨德森（2003）、埃利斯顿等（2010）等的研究。国内研究基于 EG 指数对产业集聚程度的测算相对较少，还处于初步发展阶段。学者们利用 EG 指数测算产业集聚度时，受到企业规模数据限制的影响，国内相关研究大体可以分为两类：第一类研究是一些学者囿于数据限制对 EG 指数中有关 HHI 指数的计算进行了修正，如罗勇、曹丽莉（2005），张卉（2007），杨洪焦等（2008），谢里、罗能生（2009），高丽娜、卫平（2012），陈长石等（2016）等的研究。该类研究的特点是由于无法获得企业规模的准确数据，而利用其他相近指标对 HHI 指数进行大体测算。例如，罗勇、曹丽莉（2005）采用"平均处理法"，利用企业单位数和全部从业人员得到平均人数对 HHI 指数进行测算。另有研究采用"假设企业具有相同规模处理法"。例如，杨洪焦等（2008）、谭洪波（2013）的研究假设区域内产业所有企业具有相同的规模；高丽娜、卫平（2012）将产业内所有企业都分为大型、中型和小型企业，假设每种规模类型内的企业具有相同规模。还有研究采用"代替处理法"。例如，张卉（2007）利用产业企业数量代替产业企业就业人数；谢里、罗能生（2009）则利用每一个产业在全国的最大生产规模的企业的生产规模占整个产业的比重替代。第二类研究则利用微观企业数据对 EG 指数进行了准确测算，该类研究相对较少，路江涌、陶志刚（2006），文东伟、冼国明（2014），陈长石等（2016）的研究比较有代表性。

　　纵观近年来国内有关 EG 指数的应用研究，数量上逐年增加，精确度上逐年提高。EG 指数能够弥补第一代产业集聚测度方法的不足，使得产业集聚能够跨时间、跨产业、跨区域进行比较，成为衡量产业集聚度的主流测度方法（陈长石等，2016）。

（3）第三代测度方法。第一代和第二代测度方法均是对特定空间单元（如省域、地级市或县域）上的产业集聚进行测度，其结果受到可塑地理单元（MAUP）的影响（Briant et al.，2010），即人为划分的空间地理单元或行政区间所引起的连续地理空间的变化引发的问题。自此，杜兰顿和奥弗曼（Duranton and Overman，2005）提出了以企业间地理距离为基础的 DO 指数以衡量产业的空间集聚，使得产业集聚的测度方法进入第三代。该指数能够对任意距离的空间单元的产业集聚程度进行刻画，避免了地理单元改变带来的问题，成为研究跨地域或边界测度产业集聚度的理想方法。

DO 指数方法在国外研究产业集聚特征中得到了广泛的应用，比如在克列尔和麦克米伦（Klier and McMillen，2008）、杜兰顿和奥弗曼（2008）、埃利斯顿等（2010）、中岛等（Nakajima et al.，2012）、阿尔瓦罗和陈（Alfaro and Chen，2014）等的研究中有所体现。由于 DO 指数对数据要求严格，需要详细的微观企业位置信息，在国内的应用较少。袁海红等（2014）利用 DO 指数对北京市微观企业不同空间尺度细化行业的产业集聚进行测度，类似的还有张延吉等（2017）的研究。邵朝对等（2018）认为北京市作为政治、经济和文化中心，其产业构成与空间分布有其特殊性，将研究范围扩大到全国范围，测度了 2008 年中国制造业各行业在连续空间上的集聚程度。

虽然 DO 指数解决了可塑地理空间单元问题，可以衡量任意距离或空间尺度的产业集聚程度，但也存在很多不足：一是 DO 指数要求微观企业层面企业的精确位置与企业规模等数据，索尔和布伦纳（Sholl and Brenner，2015）还指出 DO 指数测算过于复杂、可操作性差；二是 DO 指数的表现形式为图形或函数形式（Kopczewska et al.，2015），无法量化；三是 DO 指数将研究距离限制到企业所有距离的中位数水平，这种处理方式会造成部分产业空间分布形式的错误（Sholl and Brenner，2016）。测度方法归纳见表 4-1。

表 4 – 1　　　　　　　　　产业集聚总体测度方法归纳

测度方法	表达公式	优点	缺点
行业集中度	$CR_n = \dfrac{\sum\limits_{j=1}^{n} q_j}{\sum\limits_{j=1}^{N} q_j}$	计算简单，粗略反映产业集聚程度	计算结果受到 n 取值影响；无法刻画最大规模内产业之间的集聚差异
区位熵	$LQ_{inj} = \dfrac{q_{ij}/q_j}{q_i/q}$	方便计算，常用来衡量特定空间单元产业专业化程度	无法反映产业集聚的总体集聚程度
赫芬达尔指数	$HHI_i = \sum\limits_{j=1}^{N} \left(\dfrac{q_{ij}}{q_i}\right)^2$	相对准确地刻画产业集聚度，常用 HHI 指数倒数衡量产业多样化程度	反映产业集聚度绝对水平，无法对产业间集聚程度进行比较分析
空间基尼系数	$G_i = \sum\limits_{j=1}^{N} \left(\dfrac{q_{ij}}{q_i} - \dfrac{q_j}{q}\right)^2$	计算相对简洁，可以衡量产业间总体分布的不平衡性	无法控制产业内企业规模差异及分布带来的影响
EG 指数	$EG_i = \dfrac{G_i - \left[1 - \sum\limits_{j=1}^{N} (q_j/q)^2\right] HHI_i}{\left[1 - \sum\limits_{j=1}^{N} (q_j/q)^2\right](1 - HHI_i)}$	能够规避企业规模分布及差异的影响，能够区分随机集聚和非随机集聚	存在可塑地理单元问题，经济地理领域较为重视该问题
DO 指数	$K_i(d) = \dfrac{1}{m(m-1)h}\sum\limits_{x=1}^{m-1}\sum\limits_{y=x+1}^{m} f\left(\dfrac{d - d_{xy}}{h}\right)$	解决了可塑地理空间单元问题，可以衡量任意距离或空间尺度的产业集聚程度	数据要求严格；需要微观企业地理位置数据；测算过程复杂

注：q_{ij} 表示产业 $i(i=1, 2, \cdots, I)$ 在某地区或城市 $j(j=1, 2, \cdots, N)$ 的规模（可以用就业人数、产值或产业增加值表示），n 是产业 i 中规模最大的几个区域数目，一般取 4 或 8。在 DO 指数中，m 表示行业 i 中的企业数目，d_{xy} 表示任意一家企业 x 与企业 y 之间的欧式距离，f 为高斯核函数，h 为带宽。

57

　　以上产业集聚的测度方法各有优缺点，总的来说，第一代产业集聚测度方法能够简单描述产业空间分布的不均衡现象，但得到的结果在产业间不可比较且可能存在虚假的产业集聚度；第二代测度方法综合考虑了企业规模的影响，囊括了行业和企业两方面的要素，使得产业集聚的结果可比，但仍然存在可塑性面积单元（MAUP）问题；第三代测度方法基于企业间地理距离对产业集聚进行测度，解决了地理单元可塑问题，但因其对数据要求严格，测算过程复杂，应用性受到很大限制。在实际应用中，应根据研究主题及测度方法的适用性选择恰当的测度方法。

2. 测度方法的选取

本章以城市为空间单元测度城市制造业集聚的程度，进一步研究城市制造业集聚对企业创新的静态及动态影响。从空间属性看，本章研究对地理单元的划分是预先设定的，以行政区单元为划分依据，并不是连续的空间单元。从研究问题来看，本章侧重于研究制造业在城市空间单元内的集聚程度，研究的重点不在于揭示产业集聚发生在何种空间尺度上。虽然产业集聚对企业创新的作用在不同空间尺度上是不同的，但这种差异并非单纯受到区域划分系统的影响，而是在不同空间尺度上产业集聚外部性对企业创新影响的程度有所不同。虽然 EG 指数测度产业集聚存在 MAUP 问题，但这一问题主要在经济地理学领域备受重视，在经济学领域很少被关注（陈建军、陈怀锦，2017）。因此，本章选择 EG 指数作为测度中国城市制造业集聚的主要方法。

利用 EG 指数对产业集聚程度进行总体测度，还需要确定测度的空间单元、时间跨度以及行业层次。从国内已有研究看，在空间单元分类上大部分研究测度了中国制造业的产业集聚度（罗勇、曹丽莉，2005；路江涌、陶志刚，2006；张卉，2007；杨洪焦等，2008；谢里、罗能生，2009），少部分研究测度了中国省（区市）制造业集聚程度（张卉，2007；高丽娜、卫平，2012；陈长石等，2016）；在时间跨度方面国内学者对中国制造业集聚的测度止于 2009 年（文东伟、冼国明，2014），对中国省（区市）制造业集聚的测度也止于 2009 年（高丽娜、卫平，2012；陈长石等，2016）；从行业层次的研究来看，大部分学者测度了二位数制造业的集聚程度，鲜有学者对四位数行业的制造业集聚进行测度（路江涌、陶志刚，2006；文东伟、冼国明，2014）。

相比于以往的研究，本章创新性的工作在于：将空间单元细化至地级市层面，首次利用 EG 指数测度中国城市制造业的集聚程度；基于微观企业层面数据，将中国城市制造业集聚程度及演化分析扩展至 1998～2010 年；将制造业行业层次细化至四位数行业，作为对比，分别测度中国城市制造业两位数、三位数行业的集聚程度。从学术研究的科学性和产业集聚外部性的内涵而言，研究对象的空间单元越小、行业选择越细，越能够反映客观现实、越容易准确地度量产业集聚外部性对企业创新的影响（范剑勇、李方文，2011）。因此，本章将研究空间单元进一步缩小、时间跨度进一步延长、行业层次进一步细化。本章不仅是对制造业集聚测度的深化研究，还对准确衡量产业集聚外部性至关重要。

基于以上分析，本章给出 EG 指数的计算公式：

$$EG_{ij} = \frac{G_{ij} - \left[1 - \sum_{r \in j} x_r^2\right] H_{ij}}{\left[1 - \sum_{r \in j} x_r^2\right](1 - H_{ij})} \qquad (4-1)$$

这里，i 表示行业，j 表示城市空间单元，r 表示属于 j 区域的县域空间单元；G_{ij} 表示城市 j 行业 i 的空间基尼系数，计算公式为 $G_{ij} = \sum_{r \in j}(s_{ir} - x_r)^2$，其中，$s_{ir}$ 表示 i 行业县域 r 的就业人数占该行业所在城市 j 中就业人数的份额，x_r 表示县域 r 的就业人数在城市 j 中就业人数的比重；H_{ij} 是行业 i 在城市 j 中的赫芬达尔指数，用公式表示为 $H_{ij} = \sum_{k \in ij} Z_k^2$，$Z_k$ 表示城市 j 行业 i 中 k 企业的就业人数占所在城市所在行业就业人数的比重。

空间基尼系数与赫芬达尔指数均具有一定的经济意义，且决定了 EG 指数的大小。空间基尼系数的数值大小反映了行业 i 在城市 j 中的集聚程度，其值越大，表明行业集聚程度越高，反之反是。赫芬达尔指数值大小反映了行业内企业规模集聚的程度，其值越大，表明行业的垄断程度越高，企业规模分布越不均匀；其值越小，则行业的竞争程度越高，企业的规模分布越均匀。EG 指数可以粗略地看作空间基尼系数与赫芬达尔指数的差，EG 值越高，表明行业的区域集聚程度越高于行业内的企业集聚程度，也即现实中行业区域集聚越超出企业随机选择可能产生的行业区域集聚（路江涌、陶志刚，2006）。

4.2.2　数据来源与数据处理[①]

1. 数据来源

本章将 EG 指数作为中国城市制造业集聚的总体测度方法，根据公式需要微观企业层面的数据，包括企业所属的行政区划代码（六位数）、企业所属的国民经济行业分类（两位数至四位数）、企业的年均从业人数等信息。数据来自 1998～2010 年中国工业企业数据库中的企业数据，该数据库统计了中国全部国有企业和年销售额（主营业务收入）超过 500 万元（人民币）的非国有企业，包括占全部工业企业比重超过 90% 的制造业企业。

中国工业企业数据库涵盖了丰富的制造业企业信息，包括企业法人代码、企业名称、所在地域行政区划代码、所属的行业代码、企业年均就业人数等基本信息，还包括了企业产品信息、资产负债、企业利润以及生产经营活动等方面的信息。因此，中国工业企业数据库能够满足本章对中国城市制造业集聚进行总体性测度的数据要求。这里需要说明的是，较少有学者囿于企业就业人数数据限制，采用工业总产值这一指标对产业集聚程度进行 EG 指数测算（杨洪焦等，2008；谢里、罗能生，2009），本章与大多数研究者一致（Ellison and Glaeser，1999；Rosenthal and Strange，2001；路江涌、陶志刚，2006；Lu and Tao，2009；Ellison et al.，2010；文东伟、冼国明，2014；沈鸿，2017），采用微观企业的就业人员数对产业集聚 EG 指数进行测算。

2. 数据处理

中国工业企业数据库具有样本大、指标多、时间长等优点，但同时存在指标大小异常、测度误差明显、指标缺失等问题（聂辉华等，2012），因此在使用前应进行适当的数据处理。首先，本章对中国工业企业数据库进行数据清洗，包括文件转换、乱码翻译、变量名统一等工作。其次，对企业的行业代码（四位数）进行统一。根据国民经济分类标准，1998～2002 年是统一的行业分类，采用的是 1994 年公布的国民经济行业分类标准（GB/T 4754—1994），而 2003 年之后采用的是

[①]　本部分数据来自工业企业数据库，其中 2010 年之后数据大量缺失，故研究数据样本时期截止到 2010 年。

2002 年修订版的国民经济行业分类标准（GB/T 4754—2002）。为了使研究在样本期间内统一、连续以及可比，本章将 1998～2002 年的行业代码逐一统一到 2002 年修订版，具体做法是：对比两个版本行业代码的中文名称，将 GB/T 4754—1994 行业标准与 GB/T 4754—2002 行业标准进行转换，根据行业代码转换表将 GB/T 4754—2002 行业标准与 1998～2002 年微观企业数据相匹配。匹配后，我们得到共计 30 个两位数制造业行业、164 个三位数制造业行业、435 个四位数制造业行业。再次，对企业的行政区划代码进行统一。中国工业企业数据库统计了 1998～2010 年企业信息，在此期间，一些地区的行政区划代码发生了变化，比如原浙江省丽水地区（行政区划代码 332500）在 2000 年撤销，之后设立为丽水市（行政区划代码 331100），云南省临沧地区（行政区划代码 533500）在 2003 年撤销，之后改名为临沧市（行政区划代码 530900）等，本章将不同年份发生改变的地区行政区划统一到 GB/T 2260—2002 年版。另外，本章还对行政区划代码缺失、异常、不合理的样本（包括仅统计到省级地区代码的样本、省直管县、省自治州、盟样本）进行剔除。由此，1998～2010 年的地区代码连续、可比。处理后，本章共计得到 31 个省（区市）、288 个地级市、2810 个县。最后，本章对中国工业企业数据库中数据异常值进行处理：对平均就业人数少于 10、销售额（主营业务收入）低于 500 万元的样本进行剔除；对不符合会计原则的统计样本（总资产小于流动资产、总资产小于固定资产净值、总资产小于固定资产年均值或者累计折旧小于当期折旧的样本）进行剔除；对统计有误的样本（开业时间大于样本年份、开业时间为 0、开业时间小于 1949、开业时间小于 0）进行剔除。

4.2.3　测算结果及其分析

根据 EG 指数的公式，本章利用 1998～2010 年中国工业企业数据库中的微观企业数据，首次对中国城市制造业集聚的总体程度进行测度。其中，行业分类细化至四位数行业代码，为了对比，本章分别计算了地级市层面的 30 个两位数制造业行业、164 个三位数制造业行业、435 个四位数制造业行业的 EG 指数，同时，本章还汇报了中国城市制造业在不同行业分类中的赫芬达尔指数，以反映企业规模分布情况。EG 指数、

HHI 指数的实现利用 R 软件。本章得到了 1998～2010 年城市和制造业产业层面的 EG 指数和 HHI 指数。

1. 中国城市制造业集聚的总体平均程度及其演变态势

经过测算，本章得到了中国城市两位数、三位数及四位数分类的制造业集聚的 EG 指数和 HHI 指数。为了描述中国城市制造业集聚、制造业行业竞争的程度及其态势，本章通过求中国城市、制造业行业层面 EG 指数和 HHI 指数的均值，得到了中国城市制造业集聚的总体平均程度及其演变态势和中国城市制造业行业竞争平均程度及其演变态势，如表 4 - 2 所示。

表 4 - 2　中国城市制造业集聚的总体平均程度及其演变态势（1998～2010 年）

行业分类	测算方法	1998 年	1999 年	2000 年	2001 年	2002 年	2003 年	2004 年
两位数	EG 指数均值	0.032	0.039	0.058	0.062	0.066	0.081	0.086
	HHI 指数均值	0.396	0.375	0.378	0.377	0.369	0.358	0.340
三位数	EG 指数均值	0.053	0.066	0.072	0.085	0.090	0.102	0.111
	HHI 指数均值	0.622	0.603	0.604	0.595	0.583	0.569	0.542
四位数	EG 指数均值	0.063	0.071	0.077	0.092	0.098	0.106	0.116
	HHI 指数均值	0.716	0.702	0.700	0.690	0.680	0.667	0.638

行业分类	测算方法	2005 年	2006 年	2007 年	2008 年	2009 年	2010 年	变动百分数（%）
两位数	EG 指数均值	0.088	0.093	0.102	0.098	0.103	0.099	210.91
	HHI 指数均值	0.331	0.314	0.297	0.345	0.347	0.360	- 9.07
三位数	EG 指数均值	0.116	0.122	0.134	0.119	0.120	0.120	126.47
	HHI 指数均值	0.530	0.515	0.498	0.548	0.553	0.561	- 9.85
四位数	EG 指数均值	0.119	0.127	0.142	0.121	0.122	0.122	94.76
	HHI 指数均值	0.629	0.617	0.601	0.651	0.654	0.658	- 8.14

第一，中国城市制造业集聚总体平均程度在不断地加深。两位数、三位数、四位数分类的制造业行业的平均集聚指数均在 1998～2010 年期间大幅度上升。其中，两位数行业与三位数行业制造业的 EG 指数均值分别上升了 210.91% 和 126.47%，四位数制造业行业的 EG 指数均值

上升了 94.76%。

第二，中国城市制造业行业竞争的总体平均水平在不断地提高。这是由于两位数、三位数、四位数分类的制造业行业的平均 HHI 指数均在 1998~2010 年期间有所减小。其中，两位数行业与三位数行业制造业的 HHI 指数均值分别减小了 9.07% 和 9.85%，四位数制造业行业的 HHI 指数均值减小了 8.14%。

第三，通过比较不同位数的制造业行业的 EG 指数均值，本章发现，行业分类越细，则 HHI 指数均值越大、EG 指数均值也越大。这一结果与公式相符合。当行业分类越细时，行业内统计的企业数量相对越少，企业所在城市所在行业就业人数的比重相对就越大，根据赫芬达尔指数的计算公式，HHI 指数值也就越大。而根据 EG 指数的计算公式，HHI 指数值越大，相对应的 EG 值也就越大。

图 4-1 更加直观地将 1998~2010 年期间中国城市制造业总体集聚水平的演变态势展现出来，可以看出，两位数、三位数及四位数制造业行业总体集聚的变动态势一致，均呈现上升的态势。这表明中国城市制造业总体集聚程度呈现加深态势，这与现实情况相符。由于许多三位数制造业产业之内就只有 1~2 个四位数行业，因此三位数和四位数制造业行业总体更为接近，其变动态势基本吻合。从时间区间分析，各行业分类制造业的 EG 指数均值的上升态势均在 2008 年发生改变，其值明显减小，这可能是由于制造业企业在 2008 年受到金融危机的冲击，集聚程度有所下降。2008 年之后，制造业集聚程度开始回升。

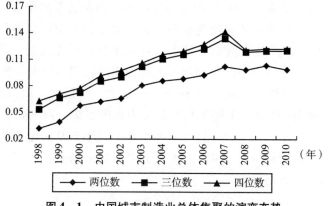

图 4-1　中国城市制造业总体集聚的演变态势

　　图4-2直观地显示了1998~2010年中国城市制造业行业竞争的总体平均水平及其演变态势，各分类制造业行业 HHI 均值共同态势一致，总体上各分类制造业行业竞争程度逐渐加剧。这表明，随着市场化经济的不断发展和市场化程度的加深，制造业企业公平竞争程度也呈现逐渐加深态势。同样地，受到2008年金融危机的影响，2008年开始各分类制造业的 HHI 指数均值有所增大，这可能是因为小企业抗压能力弱，受金融危机影响倒闭的可能性大，而大企业风险抵御能力强，更容易存活，制造业行业的垄断程度总体上呈现出加深态势。

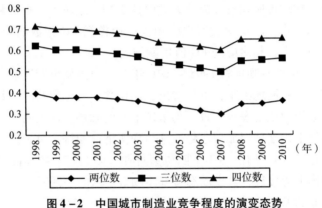

图4-2　中国城市制造业竞争程度的演变态势

　　判断 EG 指数的大小并没有绝对标准（路江涌、陶志刚，2006），国内研究者（路江涌、陶志刚，2006；文东伟、冼国明，2014）沿用埃利斯顿和格莱赛（1997）的分类标准对中国制造业集聚程度进行分类，而本章是以中国地级市为空间单元计算中国城市层面各行业分类的 EG 指数，测算结果值相对更大。直观来看，同等数量、同等程度的企业规模分布在更小的空间单元上更为集中，测算的 EG 指数更大。而从 EG 公式分析，空间单元越小，x_r 越大，s_{ir} 越大，EG 值也就越大。本章将 EG 指数大于等于0.5定义为高度集聚、EG 指数小于0.2定义为低度集聚，而 EG 指数大于等于0.2且小于0.5定义为中度集聚。按照此分类标准，表4-3列举了中国城市制造业集聚总体平均程度的城市分布情况。

表4－3　中国城市制造业集聚总体平均程度的城市分布情况（1998～2010年）

行业分类	集聚程度	1998年	1999年	2000年	2001年	2002年	2003年	2004年
		城市数量分布占比（%）						
两位数	高度集聚	2.11	1.05	1.05	4.18	3.14	1.39	1.39
	中度集聚	2.46	3.16	4.18	5.92	5.57	8.01	9.38
	低度集聚	95.42	95.79	94.77	89.90	91.29	90.59	89.24
三位数	高度集聚	2.11	1.05	1.05	4.18	3.14	1.39	1.39
	中度集聚	1.06	1.05	2.44	2.44	3.14	3.83	5.90
	低度集聚	96.83	97.89	96.52	93.38	93.73	94.77	92.71
四位数	高度集聚	2.11	1.05	1.05	4.18	3.14	1.39	1.39
	中度集聚	0.00	0.00	1.05	3.14	2.09	3.48	4.86
	低度集聚	97.89	98.95	97.91	92.68	94.77	95.12	93.75
行业分类	集聚程度	2005年	2006年	2007年	2008年	2009年	2010年	变化
		城市数量分布占比（%）						
两位数	高度集聚	1.39	1.04	1.04	1.75	1.39	0.47	－0.016
	中度集聚	6.60	7.29	8.68	9.79	12.89	9.35	0.069
	低度集聚	92.01	91.67	90.28	88.46	85.71	90.19	－0.052
三位数	高度集聚	1.39	1.04	1.04	2.10	1.74	0.47	－0.016
	中度集聚	5.90	7.64	10.42	6.99	7.67	7.01	0.060
	低度集聚	92.71	91.32	88.54	90.91	90.59	92.52	－0.043
四位数	高度集聚	1.39	1.04	1.04	1.75	1.74	0.47	－0.016
	中度集聚	4.86	6.25	12.85	5.94	5.57	6.54	0.065
	低度集聚	93.75	92.71	86.11	92.31	92.68	92.99	－0.049

　　第一，对于相同年份的城市数量占比情况而言，制造业分类越细，处于同一集聚水平的城市数量占比越大。这是由于制造业分类越细EG指数值越大导致的结果。第二，对于城市数量的百分比分布而言，1998～2010年，两位数、三位数、四位数制造业行业平均处于低度集聚水平的城市数量占比约为90%以上，处于高度集聚水平的城市数量占比不足5%，处于中度集聚水平的城市数量占比不超过10%。第三，对于城市数量的百分比变动而言，1998～2010年，各分类制造业行业平均处

于高度集聚的城市数量占比持续低迷，且略有减少，而中度集聚水平的城市数量占比增加明显，低度集聚水平的城市数量占比减少明显。总体上，中国城市制造业集聚平均程度呈加深态势。

从中国城市制造业集聚总体平均程度的行业分布情况可以看出（见表4-4），1998~2010年中国城市各分类制造业行业平均处于低度集聚水平的数量占比约在90%以上，处于高度集聚水平的行业数量占比几乎为0，处于中度集聚水平的行业数量占比在2004年之前不超过10%，在2004年之后约在10%以上。

表4-4　中国城市制造业集聚总体平均程度的行业分布情况（1998~2010年）

行业分类	集聚程度	1998年	1999年	2000年	2001年	2002年	2003年	2004年
		行业数量百分比分布（%）						
两位数	高度集聚	0.00	0.00	0.00	0.00	0.00	0.00	0.00
	中度集聚	0.00	0.00	0.00	0.00	0.00	0.00	6.67
	低度集聚	100.00	100.00	100.00	100.00	100.00	100.00	93.33
三位数	高度集聚	0.00	0.00	0.00	0.00	0.00	0.00	0.00
	中度集聚	0.68	1.23	1.23	5.52	2.45	4.29	9.20
	低度集聚	99.32	98.77	98.77	94.48	97.55	95.71	90.80
四位数	高度集聚	0.00	0.00	0.00	0.00	0.00	0.23	0.00
	中度集聚	4.84	2.77	3.46	6.93	7.60	6.54	11.21
	低度集聚	95.16	97.23	96.54	93.07	92.40	93.22	88.79
行业分类	集聚程度	2005年	2006年	2007年	2008年	2009年	2010年	变化
		行业数量百分比分布（%）						
两位数	高度集聚	0.00	0.00	0.00	0.00	0.00	0.00	0.000
	中度集聚	6.67	3.33	0.00	0.00	6.67	3.33	0.033
	低度集聚	93.33	96.67	100.00	100.00	93.33	96.67	-0.033
三位数	高度集聚	0.00	0.00	0.00	0.00	0.00	0.00	0.000
	中度集聚	9.20	9.82	10.43	7.79	9.20	9.82	0.091
	低度集聚	90.80	90.18	89.57	92.21	90.80	90.18	-0.091

续表

行业分类	集聚程度	2005 年	2006 年	2007 年	2008 年	2009 年	2010 年	变化
		行业数量百分比分布（%）						
四位数	高度集聚	0.00	0.00	0.00	0.00	0.00	0.23	0.002
	中度集聚	11.68	11.45	17.06	11.19	13.11	10.05	0.052
	低度集聚	88.32	88.55	82.94	88.81	86.89	89.72	-0.054

第一，对于相同年份的行业数量占比情况而言，制造业分类越细，处于同一集聚水平的行业数量占比越大。这再一次验证了制造业分类越细，EG 指数值则越大。第二，对于行业数量的百分比分布而言，1998～2010 年中国城市各分类制造业行业平均处于低度集聚水平的数量占比约在 90% 以上，处于高度集聚水平的行业数量占比几乎为 0，处于中度集聚水平的行业数量占比在 2004 年之前不超过 10%，在 2004 年之后约在 10% 以上。第三，对于行业数量的百分比变化而言，1998～2010 年，各分类制造业行业平均处于高度集聚的行业数量占比略有增加，而处于中度集聚水平的行业数量占比不断增加，处于低度集聚水平的行业数量占比不断减小。这进一步表明，中国城市制造业集聚的总体平均水平呈加深态势。

2. 中国城市各细分类制造业行业集聚的总体平均程度及其演变态势

为了研究中国城市各细分类制造业行业集聚的总体平均程度及其演变态势，本章分别对 1998～2010 年中国城市两位数、三位数及四位数代码制造业的集聚 EG 指数在城市层面求均值。

（1）两位数细分类行业的测算。表 4-5 显示了中国城市各两位数制造业集聚的 EG 指数均值及排名，由于 2003 年之前中国工业企业数据库中未对废弃资源和废旧材料回收加工业（行业代码 43）企业进行统计，1998～2002 年两位数制造业行业共有 29 个，2003～2010 年两位数制造业行业共有 30 个。限于篇幅，本章仅汇报了 1998 年、2007 年和 2010 年的测算结果。

表 4 – 5　　　　中国城市两位数制造业集聚的总体平均程度
及其演变态势（1998～2010 年）

行业名称	行业代码	1998 年	EG 均值排名	2007 年	EG 均值排名	2010 年	EG 均值排名
农副食品加工业	13	0.043	11	0.079	23	0.080	23
食品制造业	14	−0.009	24	0.081	21	0.119	12
饮料制造业	15	0.012	22	0.046	29	0.022	30
烟草制品业	16	0.060	7	0.040	30	0.057	28
纺织业	17	0.040	12	0.083	19	0.062	27
纺织服装、鞋、帽制造业	18	0.044	10	0.087	18	0.089	15
皮革、毛皮、羽毛（绒）及其制品业	19	0.018	19	0.121	10	0.153	4
木材加工及木、竹、藤、棕、草制品业	20	0.148	1	0.156	6	0.159	3
家具制造业	21	0.073	5	0.132	8	0.135	7
造纸及纸制品业	22	0.034	14	0.075	25	0.086	16
印刷业和记录媒介的复制业	23	−0.082	29	0.094	15	0.081	22
文教体育用品制造业	24	0.022	17	0.090	16	0.071	24
石油加工、炼焦及核燃料加工业	25	0.030	15	0.173	4	0.120	11
化学原料及化学制品制造业	26	0.027	16	0.069	28	0.055	29
医药制造业	27	−0.031	28	0.080	22	0.086	18
化学纤维制造业	28	0.017	20	0.138	7	0.099	13
橡胶制品业	29	0.001	23	0.098	14	0.133	9
塑料制品业	30	−0.012	25	0.073	27	0.085	19
非金属矿物制品业	31	0.044	9	0.074	26	0.083	21

行业名称	行业代码	1998年	EG均值排名	2007年	EG均值排名	2010年	EG均值排名
黑色金属冶炼及压延加工业	32	**0.122**	4	0.123	9	0.084	20
有色金属冶炼及压延加工业	33	**0.141**	2	**0.159**	5	**0.140**	6
金属制品业	34	0.037	13	0.087	17	0.127	10
通用设备制造业	35	0.013	21	0.083	20	*0.063*	26
专用设备制造业	36	*−0.015*	26	0.100	12	*0.064*	25
交通运输设备制造业	37	*−0.018*	27	0.076	24	0.086	17
电气机械及器材制造业	39	0.019	18	0.099	13	0.095	14
通信设备、计算机及其他电子设备制造业	40	0.048	8	**0.177**	2	**0.148**	5
仪器仪表及文化、办公用机械制造业	41	**0.072**	6	**0.175**	3	**0.165**	2
工艺品及其他制造业	42	**0.123**	3	0.104	11	0.134	8
废弃资源和废旧材料回收加工业	43	—	—	**0.190**	1	**0.205**	1

注：加粗数值对应EG指数均值最高的6个行业，斜体加粗数值对应EG指数均值最低的6个行业。

第一，EG指数均值的大小。EG指数均值最高的行业主要集中在劳动密集型产业，如皮革、毛皮、羽毛（绒）及其制品业，木材加工及木、竹、藤、棕、草制品业，家具制造业，废弃资源和废旧材料回收加工业，工艺品及其他制造业，其次是少量的技术密集型产业，如通信设备、计算机及其他电子设备制造业，仪器仪表及文化、办公用机械制造业。还有一类产业集聚依赖于资源禀赋，如黑色金属冶炼及压延加工业、有色金属冶炼及压延加工业。以上产业集聚程度较高的两位数行业与路江涌、陶志刚（2006），文东伟、冼国明（2014）的研究结果基本类似，说明本章的测算结果基本符合现实情况。EG 指数均值最低的行业主要集中于技术水平较高的制造业行业，如医药制造业、专用设备制造业、通用设备制造业、交通运输设备制造业；还有一类产业，其产品特性不便于流通，趋于分散，如化学原料及化学制品制造业、印刷业和记录媒介的复制业、造纸及纸制品业、饮料制造业等。这一点与文东伟、冼国明（2014）的研究结果一致。

第二，EG 指数均值的变化。1998～2010 年中国城市绝大多数两位数制造业的 EG 指数均值在增大，仅烟草制品业、黑色金属冶炼及压延加工业、有色金属冶炼及压延加工业的 EG 指数均值略有减小。1998～2007 年、1998～2010 年，EG 指数均值增加较多的行业有印刷业和记录媒介的复制业，皮革、毛皮、羽毛（绒）及其制品业，橡胶制品业，食品制造业，医药制造业，通信设备、计算机及其他电子设备制造业，仪器仪表及文化、办公用机械制造业，化学纤维制造业，交通运输设备制造业。

（2）三位数细分类行业的测算。由于篇幅所限，本章未对 1998～2010 年中国城市 164 个三位数制造业行业的 EG 指数均值进行汇报，仅报告了 1998 年、2003 年、2007 年和 2010 年平均集聚程度最高和最低的 16 个三位数行业的测算结果（见表 4－6）。

表 4－6　　　　中国城市三位数代码制造业集聚平均指数
及其演变态势（1998～2010 年）

行业代码	1998 年	行业代码	2003 年	行业代码	2007 年	行业代码	2010 年
EG 指数均值最低的 16 个三位数行业							
231	－0.099	214	－0.016	**161**	－0.017	**402**	－0.012
169	－0.099	366	－0.002	**162**	0.045	**221**	－0.009
353	－0.067	**221**	0.012	264	0.050	**161**	0.000
312	－0.041	291	0.013	349	0.055	**162**	0.004
372	－0.036	**402**	0.015	**402**	0.057	379	0.015
352	－0.030	368	0.015	262	0.062	134	0.018

续表

行业代码	1998 年	行业代码	2003 年	行业代码	2007 年	行业代码	2010 年
EG 指数均值最低的 16 个三位数行业							
152	−0.026	231	0.022	306	0.064	423	0.019
356	−0.022	275	0.027	152	0.064	267	0.033
391	−0.021	152	0.027	233	0.067	264	0.036
354	−0.018	346	0.028	395	0.068	412	0.038
369	−0.017	212	0.031	221	0.070	152	0.038
411	−0.017	262	0.031	304	0.073	348	0.041
347	−0.015	161	0.034	223	0.077	272	0.041
351	−0.014	379	0.036	272	0.077	299	0.043
241	−0.012	169	0.036	267	0.077	312	0.045
334	−0.011	296	0.037	242	0.078	346	0.046
EG 指数均值最高的 16 个三位数行业							
183	0.143	191	0.180	375	0.206	241	0.200
302	0.145	201	0.181	183	0.212	365	0.202
142	0.151	295	0.185	191	0.213	183	0.203
154	0.158	375	0.188	201	0.216	431	0.205
331	0.159	422	0.189	174	0.223	219	0.206
213	0.161	213	0.190	136	0.226	244	0.224
219	0.162	431	0.192	173	0.227	315	0.235
136	0.163	277	0.194	295	0.229	403	0.238
203	0.167	134	0.197	315	0.232	136	0.252
315	0.167	154	0.208	142	0.232	154	0.254
419	0.168	315	0.210	**324**	0.235	182	0.257
422	0.178	373	0.213	**243**	0.236	**193**	0.260
193	0.180	**193**	0.229	194	0.243	173	0.261
307	0.181	142	0.241	321	0.244	169	0.286
324	0.183	**204**	0.258	154	0.291	174	0.288
243	0.229	**419**	0.274	**204**	0.311	**204**	0.290

注：加粗行业为不同年份出现两次及以上的三位数行业代码。

1998 年 EG 指数均值按升序排列，位于后 6 位的三位数制造业行业有 419（其他仪器仪表的制造及修理）、422（日用杂品制造）、193（毛皮鞣制及制品加工）、307（塑料零件制造）、324（铁合金冶炼）、243（乐器制造）。2003 年 EG 指数均值按升序排列，位于后 6 位的三位数制造业行业有 315（陶瓷制品制造）、373（摩托车制造）、193（毛皮鞣制及制品加工）、142（糖果、巧克力及蜜饯制造）、204（竹、藤、棕、草制品制造）和 419（其他仪器仪表的制造及修理）。2007 年 EG 指数均值按升序排列，位于后 6 位的三位数制造业行业有 324（铁合金冶炼）、243（乐器制造）、194 [羽毛（绒）加工及制品制造]、321（炼铁）、154（精制茶加工）和 204（竹、藤、棕、草制品制造）。2010 年 EG 指数均值按升序排列，位于后 6 位的三位数制造业行业有 182（纺织面料鞋的制造）、193（毛皮鞣制及制品加工）、173（麻纺织）、169（其他烟草制品加工）、174（丝绢纺织及精加工）和 204（竹、藤、棕、草制品制造）。其中，193、204、243、324、419 在不同年份的排名均在后 6 位出现两次及以上，说明这些行业的集聚程度在不同年份持续较高。

1998 年 EG 指数均值按升序排列，位于前 6 位的三位数制造业行业有 231（印刷）、169（其他烟草制品加工）、353（起重运输设备制造）、312（水泥及石膏制品制造）、372（汽车制造）和 352（金属加工机械制造）。2003 年 EG 指数均值按升序排列，位于前 6 位的三位数制造业行业有 214（塑料家具制造）、366（电子和电工机械专用设备制造）、221（纸浆制造）、291（轮胎制造）、402（雷达及配套设备制造）和 368（医疗仪器设备及器械制造）。2007 年 EG 指数均值按升序排列，位于前 6 位的三位数制造业行业有 161（烟叶复烤）、162（卷烟制造）、264（涂料、油墨、颜料及类似产品制造）、349（其他金属制品制造）、402（雷达及配套设备制造）和 262（肥料制造）。2010 年 EG 指数均值按升序排列，位于前 6 位的三位数制造业行业有 402（雷达及配套设备制造）、221（纸浆制造）、161（烟叶复烤）、162（卷烟制造）、379（交通器材及其他交通运输设备制造）和 134（制糖）。其中，161、162、221、402 在不同年份的排名均在后 6 位，说明这些行业的集聚程度在不同年份持续较低。

（3）四位数细分类行业的测算。限于篇幅，本章未对 1998～2010

年中国城市 435 个四位数制造业行业的 EG 指数均值进行汇报，仅报告
了 1998 年、2003 年、2007 年和 2010 年平均集聚程度最高和最低的 16
个四位数行业的测算结果（见表 4 - 7）。

表 4 - 7　　　　　　中国城市四位数代码制造业集聚平均指数
及其演变态势（1998 ~ 2010 年）

行业代码	1998 年	行业代码	2003 年	行业代码	2007 年	行业代码	2010 年
EG 指数均值最低的 16 个四位数行业							
3314	- 0.146	4123	- 0.053	3759	- 0.060	3711	- 0.110
4151	- 0.130	3519	- 0.045	**3314**	- 0.020	3799	- 0.074
4121	- 0.099	**2621**	- 0.037	1610	- 0.017	3669	- 0.068
2311	- 0.080	3663	- 0.028	**2621**	- 0.005	4127	- 0.055
3691	- 0.071	1753	- 0.022	4152	- 0.002	1461	- 0.038
3684	- 0.057	1522	- 0.018	4151	- 0.001	3129	- 0.031
3792	- 0.054	3693	- 0.016	3791	0.000	1332	- 0.030
2621	- 0.047	2140	- 0.016	2824	0.000	2621	- 0.020
2451	- 0.045	1531	- 0.010	4127	0.004	4153	- 0.018
3726	- 0.044	3314	- 0.007	3519	0.010	3459	- 0.016
1522	- 0.040	1462	- 0.006	3643	0.024	4152	- 0.015
2629	- 0.038	3521	- 0.005	3711	0.032	4020	- 0.012
2642	- 0.037	2512	0.000	4221	0.033	1535	- 0.011
3675	- 0.037	4124	0.000	3459	0.035	2210	- 0.009
3530	- 0.037	4151	0.000	2622	0.038	1451	- 0.008
3685	- 0.032	4127	0.000	2641	0.039	4122	- 0.006
EG 指数均值最高的 16 个四位数行业							
2653	0.197	1364	0.225	1754	0.280	4115	0.277
1524	0.211	1941	0.229	1741	0.282	4114	0.286
4213	0.212	3751	0.235	4213	0.287	1690	0.286
3144	0.213	3513	0.248	1362	0.288	3331	0.287
1755	0.221	1932	0.257	4154	0.290	1931	0.288

行业代码	1998 年	行业代码	2003 年	行业代码	2007 年	行业代码	2010 年
EG 指数均值最高的 16 个四位数行业							
3153	0.228	2040	0.258	1540	0.291	2040	0.290
4153	0.228	3653	0.265	1941	0.296	2412	0.293
3133	0.229	3133	0.271	2040	0.311	3159	0.296
1361	0.232	2439	0.273	3513	0.311	1754	0.300
2222	0.233	4190	0.274	3669	0.319	1362	0.328
2433	0.236	2222	0.277	1422	0.321	3315	0.342
3312	0.261	1422	0.298	3112	0.334	**3723**	0.348
3762	0.267	**4215**	0.324	3162	0.363	1932	0.381
3315	0.272	**3723**	0.348	**4215**	0.385	1741	0.408
1743	0.274	4152	0.373	**3675**	0.412	**4215**	0.418
4215	0.282	3791	0.749	**3315**	0.422	**3675**	0.522

注：加粗行业为不同年份出现两次及以上的四位数行业代码。

EG 指数均值按照升序排列，1998 年位于后 5 位的四位数制造业行业有 3312（铅锌冶炼）、3762（航天器制造）、3315（锑冶炼）、1743（丝印染精加工）和 4215（天然植物纤维编织工艺品制造）；2003 年位于后 5 位的四位数制造业行业有 1422（蜜饯制作）、4215（天然植物纤维编织工艺品制造）、3723（电车制造）、4152（幻灯及投影设备制造）和 3791（潜水及水下救捞装备制造）；2007 年位于后 5 位的四位数制造业行业有 3112（石灰和石膏制造）、3162（云母制品制造）、4215（天然植物纤维编织工艺品制造）、3675（渔业机械制造）和 3315（锑冶炼）；2010 年位于后 5 位的四位数制造业行业有 3723（电车制造）、1932（毛皮服装加工）、1741（缫丝加工）、4215（天然植物纤维编织工艺品制造）和 3675（渔业机械制造）。其中，3315、4215、3675、3723 在不同年份的排名均在后 5 位出现两次及以上，说明这些行业的集聚程度在不同年份持续较高。

EG 指数均值按照升序排列，1998 年位于前 5 位的四位数制造业行业有 3314（锡冶炼）、4151（电影机械制造）、4121（环境监测专用仪器仪表制造）、2311（书、报、刊印刷）和 3691（环境污染防治专用设备制造）；2003 年位于前 5 位的四位数制造业行业有 4123（导航、气象及海洋专用仪器制造）、3519（其他原动机制造）、2621（氮肥制造）、3663（武器弹药制造）和 1753（麻制品制造）；2007 年位于前 5 位的四位数制造业行业有 3759（航标器材及其他浮动装置的制造）、3314（锡冶炼）、1610（烟叶复烤）、2621（氮肥制造）、4152（幻灯及投影设备制造），并且这些行业的集聚程度在不同年份持续较低。

4.3　中国城市制造业集聚的细分类测度及特征事实分析

4.3.1　产业集聚的分类及其测度方法

本章不同于传统的"二分法"分类方法，根据产业集聚空间构成及其集聚外部性的差异将产业集聚分为两大类：同一产业内企业的空间集聚为专业化集聚类型，存在技术关联的不同产业间企业的空间集聚为相关多样化集聚类型。

1. 专业化集聚的测度方法

区位熵也称专门化率，通常衡量区域部门或产业要素相对总体区域或部门的空间分布情况，反映部门或产业的专门化水平。该指标计算简单方便，是国内外最常用的测度方法之一。本章借鉴现有研究（Donoghue and Gleave，2004；刘军、徐康宁，2010；陈国亮、陈建军，2012；霍春辉、杨锐，2016；苏丹妮等，2018），选取了区位熵作为衡量产业专业化水平的测度方法，得到城市和行业层面的产业专业化变量。相比于国内有关产业专业化测度的研究，本章的边际贡献在于：利用中国制造业企业微观数据，将产业专业化测度的空间单元细化至 288 个地级市及以上城市，行业层次细化至 435 个四位数制造业行业，时间跨度延长至 2010 年。

区位熵的计算公式如下：

$$IA\_lq_{ij} = \frac{q_{ij}/q_j}{q_i/q} \tag{4-2}$$

其中，IA_lq$_{ij}$表示第 j 个城市第 i 个制造业产业在全国的区位熵，q$_{ij}$表示第 j 个城市第 i 个制造业产业的企业年均就业人数。IA_lq$_{ij}$值越高，代表 j 城市 i 产业的专业化集聚水平越高。

2. 相关多样化集聚的测度方法

基于演化经济地理学派的划分方法，本章将多样化进一步区分为相关多样化和无关多样化两种类型，其测度方法是对相似产业进行归类后计算相关多样性的熵指数。显然，测度方法的关键在于如何界定产业之间的相关性。

第一种测度方法为行业标准分类法，该方法认为每一大类部门下的行业为相关行业，不同大类部门间的行业为不相关行业（Frenken et al.，2007；Boschma et al.，2012；Hartog et al.，2012）。这种方法较为简单、应用广泛，但三次产业的划分实际上是以各行业劳动对象进行加工的顺序为主，以满足国民经济核算和统计调查为需求，并不能很好地反映产业间的关联关系（万道侠等，2019）。埃斯莱比克勒（Esslet-bichler，2015）则指出被划分在每一大类部门内产业之间的技术关联和知识交流并不一定比不同大类部门间的产业更密切。第二种测度方法为行业共线概率分类法，即根据不同产业产品同时存在于同一区位的概率的大小来近似测算产业间的关联（Hidalgo et al.，2007；Boschma et al.，2013；Rigby，2013；Guo et al.，2017）。这种方法难以区分产业共同出现的原因是技术关联还是范围经济（Neffke and Henning，2013），同时忽略了不同产业可能是因技术以外的其他条件（如制度、土地和基础设施等）而在同一城市或地区发展程度不同（郭琪、贺灿飞。2018）。第三种测度方法为流动人口强度法，基于不同产业之间的人力资源流动人口的强度对产业关联性进行区分（Neffke and Henning，2013），这种方法因为流动人口数据较难获取而应用较少。第四种测度方法为投入产出关系法，其认为不同产业所使用的资源相似性（一般用投入产出表直接消耗系数表示）越高，产业之间的相关性则越大（Es-sleztbichler，2015；Guo et al.，2016）。

本章利用投入产出关系法测度中国城市制造业细分类行业间的相关性，计算相关多样化、无关多样化指数，具体内容如下。

首先，基于投入产出表计算产业部门之间的相似度，得到产业相似度矩阵。用两产业部门直接消耗系数结构向量的夹角余弦值表示两个产业部门的相似度，计算公式为：$w_{ij} = \sum_k a_{ki} a_{kj} / \sqrt{\sum_k a_{ki}^2} \sqrt{\sum_k a_{kj}^2}$。其中，$a_{ki}$ 和 a_{kj} 分别表示第 i 产业部门与第 j 产业部门直接消耗系数结构列向量的第 k 个位置的元素。这里 w_{ij} 值越接近 1，表明夹角越接近 0 度，也就是两个向量越相似，即第 i 产业部门与第 j 产业部门越相似。产业相似度矩阵可以通过 $1 - w_{ij}$ 向量运算得到，这里定义产业间的技术距离为 $1 - w_{ij}$，产业间技术距离越小，产业间相关性越高。

其次，采用多维标度法（multi-dimensional scaling，MDS）来描述产业之间的相关程度。MDS 算法可以将产业相似度矩阵降维，得到各个产业部门的二维数据矩阵，并用散点图描绘出各个产业部门之间的相关程度。散点图中每个点代表一个产业部门，显然，两点之间直线距离越近，相对应的产业部门之间的相关性则越高。

再次，利用 K - mediods 聚类算法，对产业部门的二维数据矩阵进行聚类分析，同一聚类内产业相关，不同聚类之间的产业不相关。

最后，根据聚类结果，计算相关多样化熵指数。假设得到大聚类产业用 M 类表示，同一聚类产业用 m 类表示，则 M 类产业下的 m 类产业为相关产业，不同 M 类产业之间不相关。用 m 类产业从业人数的比重为指标计算 m 类产业的熵指数，得到多样化的计算公式：$div_j = \sum_i q_{ij} \ln\left(\dfrac{1}{q_{ij}}\right)$。其中，$q_{ij}$ 表示第 j 个城市第 i 个 m 类制造业行业企业的年均从业人数的比重。用 M 类产业从业人数的比重为指标计算 M 类产业的熵指数，得到无关多样化的计算公式：$uv_j = \sum_k Q_{kj} \ln\left(\dfrac{1}{Q_{kj}}\right)$。其中，$Q_{kj}$ 表示第 j 个城市第 k 个 m 类制造业产业企业的年均从业人数的比重。用所有 M 类产业下 m 类产业的熵指数的加权和表示相关多样化：$rv_j = \sum_k Q_{kj} H_{kj}$；$H_j = \sum_{i \in P_k} \dfrac{q_{ij}}{Q_{kj}} \ln\left(\dfrac{Q_{kj}}{q_{ij}}\right)$。其中，$P_k$ 为产业 k 中 m 类产业的集合，且多样化指数利用熵指数的可分性存在如下等量关系：$rv_j = div_j - uv_j$。

国内研究多基于国民经济行业分类确定产业间的相关性，认为两位数代码下的产业为相关性产业，两位数代码产业之间不相关（孙晓华、柴玲玲，2012；李福柱、厉梦泉，2013；王俊松，2016），且存在测度空间单元过大、产业分类过粗的问题（王俊松，2016）。为规避以上问题，本章利用 2007 年中国投入产出表中 81 个制造业部门对中国城市制造业相关多样化进行测度，将空间单元细化至 288 个地级市，行业分类包含了 81 个制造业部门，涉及 30 个两位数行业、151 个三位数行业、398 个四位数行业。同时，本章利用产业相似度矩阵、MDS 算法及 K - mediods 聚类算法界定产业相关性，得到的结果更加符合现实。

4.3.2　数据来源与处理

本节采用的企业数据来自中国工业企业数据库，数据处理与上一节相同，在此不再赘述。其他数据来源于 2007 年中国投入产出表，2007 年投入产出表涉及了 135 个产业部门，其中制造业部门 81 个。这里需要说明的是，由于投入产出表的部门分类与国民经济行业分类不同，本章根据产品部门名称，将 81 个制造业部门与国民经济行业匹配，发现 81 个制造业部门对应 30 个两位数行业、151 个三位数行业、398 个四位数行业，并以此作为本节计算相关多样化指数的样本产业，如图 4 - 3 所示。

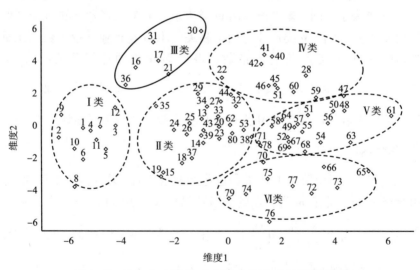

图 4 - 3　2007 年中国 81 个制造业部门 MDS 聚类结果

图 4 - 3 是本节利用 2007 年投入产出表测算的 81 个制造业部门的聚类结果图，其表明存在六类聚类结果（见表 4 - 8）。第Ⅰ、Ⅱ、Ⅲ、Ⅳ、Ⅴ、Ⅵ大类产业部门内部产业间的"技术距离"的平均值依次为

0.59、0.37、0.52、0.37、0.37、0.30，而全部 81 个制造业产业部门产业间的平均"技术距离"为 0.41。表 4 - 8 显示了六大类制造业部门内的产业名称，其中：第一类主要是农副食品加工、食品与饮料等轻工制造业；第二类主要是化工产业及与其相关的玻璃、造纸、棉纺等产业；第三类主要是以化学原料为依托的肥料、农药、医药制造及相关的麻纺织产业；第四类主要是水泥、石灰、石膏、陶瓷等其他非金属制造业；第五类主要是以金属制品、金属冶炼行业及以金属制品为依托的通用、专用、交通、电气等设备产业；第六类主要是通信、电子及机械制造业。

表 4 - 8 　　　　2007 年中国 81 个制造业产业部门的聚类结果

类别	产业名称
Ⅰ类 (12)	谷物磨制业，调味品、发酵制品制造业，其他食品制造业，酒精及酒的制造业，饲料加工业，植物油加工业，制糖业，屠宰及肉类加工业，水产品加工业，其他食品加工业，方便食品制造业，液体乳及乳制品制造业
Ⅱ类 (23)	软饮料及精制茶加工业，烟草制品业，棉、化纤纺织及印染精加工业，纺织制成品制造业，针织品、编织品及其制品制造业，纺织服装、鞋、帽制造业，家具制造业，造纸及纸制品业，印刷业和记录媒介的复制业，文教体育用品制造业，石油及核燃料加工业，基础化学原料制造业，涂料、油墨、颜料及类似产品制造业，合成材料制造业，专用化学产品制造业，日用化学产品制造业，化学纤维制造业，橡胶制品业，塑料制品业，玻璃及玻璃制品制造业，金属制品业，其他专用设备制造业，工艺品及其他制造业
Ⅲ类 (6)	毛纺织和染整精加工业，麻纺织、丝绢纺织及精加工业，皮革、毛皮、羽毛（绒）及其制品业，肥料制造业，农药制造业，医药制造业
Ⅳ类 (12)	木材加工及木、竹、藤、棕、草制品业，炼焦业，水泥、石灰和石膏制造业，水泥及石膏制品制造业，砖瓦、石材及其他建筑材料制造业，陶瓷制品制造业，耐火材料制品制造业，石墨及其他非金属矿物制品制造业，炼铁业，矿山、冶金、建筑专用设备制造业，化工、木材、非金属加工专用设备制造业，废品废料
Ⅴ类 (18)	炼钢业，钢压延加工业，铁合金冶炼业，有色金属冶炼及合金制造业，有色金属压延加工业，锅炉及原动机制造业，金属加工机械制造业，起重运输设备制造业，泵、阀门、压缩机及类似机械的制造业，其他通用设备制造业，农林牧渔专用机械制造业，铁路运输设备制造业，汽车制造业，电机制造业，输配电及控制设备制造业，电线、电缆、光缆及电工器材制造业，其他电气机械及器材制造业，仪器仪表制造业

类别	产业名称
Ⅵ类 (10)	船舶及浮动装置制造业，其他交通运输设备制造业，家用电力和非电力器具制造业，通信设备制造业，雷达及广播设备制造业，电子计算机制造业，电子元器件制造业，家用视听设备制造业，其他电子设备制造业，文化、办公用机械制造业

4.3.3 测算结果与分析

1. 专业化集聚

（1）中国城市制造业专业化的总体平均程度及其演变态势。经过测算，本章以两位数、三位数及四位数为分类标准，分别得到了中国城市制造业专业化集聚的区位熵指数。为了描述中国城市制造业专业化集聚的程度及其态势，本章通过求中国城市制造业行业层面区位熵（LQ）指数的均值，得到了中国城市制造业专业化集聚的总体平均程度及其演变态势，见表4－9。

表4－9　中国城市制造业专业化集聚的总体平均程度及其演变趋势

行业分类	1998 年	1999 年	2000 年	2001 年	2002 年	2003 年	2004 年
四位数	2.996	2.875	2.942	2.940	2.940	2.873	2.819
三位数	1.851	1.785	1.826	1.837	1.846	1.849	1.840
两位数	1.202	1.176	1.186	1.192	1.202	1.211	1.222

行业分类	2005 年	2006 年	2007 年	2008 年	2009 年	2010 年	变动 百分比 （%）
四位数	2.738	2.674	2.596	2.217	2.209	2.732	－8.82
三位数	1.794	1.781	1.729	1.602	1.570	1.788	－3.40
两位数	1.205	1.204	1.195	1.183	1.163	1.211	0.80

第一，中国城市制造业专业化集聚总体平均程度略有下降。四位数、三位数分类制造业行业的平均 LQ 指数均在 1998 ~2010 年期间有所

下降。其中，四位数行业制造业的 LQ 指数均值下降了 8.82%。两位数制造业行业的 LQ 指数均值在样本年限内变动不大。

第二，通过比较不同位数的制造业行业专业化集聚的 LQ 指数均值，本章发现，行业分类越细，则 LQ 指数均值越大。这一结果与公式相符合。当行业分类越细时，行业内统计的企业数量相对越少，行业就业人数占全国比重相对就越小，相对应的 LQ 值也就越大。

第三，图 4-4 更加直观地将 1998~2010 年期间中国城市制造业专业化集聚的演变态势展现出来，可以看出，三位数及四位数制造业行业专业化集聚的总体平均变动态势基本一致，总体下降，2008 年之后开始回升。而两位数制造业行业专业化集聚平均 LQ 指数变化幅度很小，这也说明行业划分较粗，不同年份专业化集聚指数的均值区分度不高。

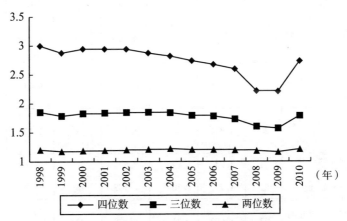

图 4-4 中国城市制造业专业化集聚的总体演变态势

（2）中国城市各细分类制造业行业专业化的总体平均程度及其演变态势。表 4-10 显示了中国城市各两位数制造业专业化集聚的 LQ 指数均值及排名，限于篇幅所限，本章仅汇报了 1998 年、2007 年和 2010 年的测算结果。可以看出，1998 年专业化指数均值最高的行业主要集中在烟草制品业，木材加工及木、竹、藤、棕、草制品业，有色金属冶炼及压延加工业，石油加工、炼焦及核燃料加工业，化学纤维制造业。2007 年和 2010 年制造业专业化集聚指数均值最高的行业集中于农副食品加工业，饮料制造业，烟草制品业；黑色金属冶炼及压延加工业，有色金属冶炼及压延加工业。通信设备、计算机及其他电子设备制造业，电气机械及器材制造业，金属制品业，纺织服装、鞋、帽制造业在1998年、2007年和2010年的专业化集聚指数均值均较低。

表4-10　　　中国城市两位数制造业专业化集聚平均指数
及其演变态势（1998～2010年）

行业名称	行业代码	1998年	LQ均值排名	2007年	LQ均值排名	2010年	LQ均值排名
农副食品加工业	13	1.512	7	**1.789**	4	**1.877**	3
食品制造业	14	1.071	18	1.377	11	1.408	11
饮料制造业	15	1.512	6	**2.100**	2	**1.920**	2
烟草制品业	16	**3.260**	1	**3.314**	1	**3.769**	1
纺织业	17	0.968	22	0.928	18	0.927	21
纺织服装、鞋、帽制造业	18	*0.795*	29	*0.699*	27	*0.715*	30
皮革、毛皮、羽毛（绒）及其制品业	19	0.909	24	0.712	26	*0.717*	29
木材加工及木、竹、藤、棕、草制品业	20	**1.576**	5	1.557	8	1.526	9
家具制造业	21	1.243	12	0.825	23	0.969	20
造纸及纸制品业	22	1.272	10	1.173	14	1.233	13
印刷业和记录媒介的复制业	23	1.003	21	0.870	22	1.019	16
文教体育用品制造业	24	1.165	14	0.911	21	1.131	15
石油加工、炼焦及核燃料加工业	25	**1.636**	2	1.412	10	1.593	7
化学原料及化学制品制造业	26	1.264	11	1.535	9	1.535	8
医药制造业	27	1.164	15	1.602	6	1.475	10
化学纤维制造业	28	**1.620**	3	1.258	13	1.144	14
橡胶制品业	29	1.107	16	0.925	19	0.918	23

行业名称	行业代码	1998 年	LQ 均值排名	2007 年	LQ 均值排名	2010 年	LQ 均值排名
塑料制品业	30	*0.845*	27	*0.681*	28	0.793	26
非金属矿物制品业	31	1.385	9	1.587	7	1.624	6
黑色金属冶炼及压延加工业	32	1.389	8	**1.832**	3	**1.708**	4
有色金属冶炼及压延加工业	33	**1.618**	4	**1.676**	5	**1.652**	5
金属制品业	34	*0.880*	26	*0.733*	25	*0.851*	25
通用设备制造业	35	0.962	23	0.916	20	0.921	22
专用设备制造业	36	1.034	20	1.025	15	0.992	19
交通运输设备制造业	37	1.073	17	1.021	16	1.010	18
电气机械及器材制造业	39	*0.805*	28	*0.658*	29	*0.734*	28
通信设备、计算机及其他电子设备制造业	40	*0.907*	25	*0.598*	30	*0.772*	27
仪器仪表及文化、办公用机械制造业	41	1.038	19	0.783	24	0.857	24
工艺品及其他制造业	42	1.180	13	0.956	17	1.018	17
废弃资源和废旧材料回收加工业	—	—	—	1.364	12	1.354	12

注：加粗数值对应 LQ 指数均值最高的 5 个行业、斜体加粗数值对应 LQ 指数均值最低的 5 个行业。

表 4-11 显示了 1998 年和 2010 年三位数和四位数制造业行业专业化集聚均值最高和最低的 10 个行业的测算结果。1998 年 LQ 指数均值按升序排列，位于前 5 位的三位数制造业行业有 181（纺织服装制造）、392（输配电及控制设备制造）、223（纸制品制造）、264（涂料、油墨、颜料及类似产品制造）和 192（皮革制品制造），位于后 5 位的三位数制造业行业有 402（雷达及配套设备制造）、161（烟叶复烤）、169

83

（其他烟草制品加工）、212（竹、藤家具制造）和 214（塑料家具制造）。2010 年 LQ 指数均值按升序排列，位于前 5 位的三位数制造业行业有 181（纺织服装制造）、392（输配电及控制设备制造）、357（风机、衡器、包装设备等通用设备制造）、192（皮革制品制造）和 406（电子元件制造），位于后 5 位的三位数制造业行业有 162（卷烟制造）、221（纸浆制造）、169（其他烟草制品加工）、212（竹、藤家具制造）和 161（烟叶复烤）。其中，181、192、392 行业的专业化程度在 1998 年和 2010 年均处于较低水平，151、161、212 行业的专业化程度在 1998 年和 2010 年均处于较高水平。1998 年 LQ 指数均值按升序排列，位于前 5 位的四位数制造业行业有 1810（纺织服装制造）、2239（其他纸制品制造）、3090（其他塑料制品制造）、3351（常用有色金属压延加工）和 3932（光纤、光缆制造），位于后 5 位的制造业行业有 3314（锡冶炼）、2512（人造原油生产）、2140（塑料家具制造）、3759（航标器材及其他浮动装置的制造）和 2530（核燃料加工）。2010 年 LQ 指数均值按升序排列，位于前 5 位的四位数制造业行业有 1810（纺织服装制造）、3582（紧固件、弹簧制造）、3923（配电开关控制设备制造）、1761（棉、化纤针织品及编织品制造）和 3625（模具制造），位于后 5 位的四位数制造业行业有 2623（钾肥制造）、3669（航空、航天及其他专用设备制造）、1610（烟叶复烤）、2824（维纶纤维制造）和 3791（潜水及水下救捞装备制造）。

表 4 – 11　中国城市三位数、四位数制造业专业化集聚平均指数
及其演变态势（1998 ~ 2010 年）

行业代码	1998 年	行业代码	2010 年	行业代码	1998 年	行业代码	2010 年
LQ 指数均值最低的 10 个三位数、四位数行业							
181	0.802	**181**	0.717	**1810**	0.814	**1810**	0.721
392	1.008	**392**	0.727	**2239**	1.060	3582	0.778
223	1.056	357	0.740	3090	1.145	3923	0.892
264	1.074	**192**	0.796	3351	1.201	1761	0.899
192	1.079	406	0.893	3932	1.249	3625	0.912
176	1.104	362	0.899	1711	1.249	4062	0.913

行业代码	1998 年	行业代码	2010 年	行业代码	1998 年	行业代码	2010 年
LQ 指数均值最低的 10 个三位数、四位数行业							
171	1.130	358	0.911	1320	1.335	**2239**	0.944
393	1.136	341	0.914	3020	1.386	3741	0.946
309	1.145	175	0.924	4062	1.386	3924	0.974
372	1.155	374	0.933	2641	1.402	3460	0.979
LQ 指数均值最高的 10 个三位数、四位数行业							
151	4.799	173	4.905	3315	13.154	3712	11.054
333	4.848	154	4.994	3144	14.023	4124	11.762
252	5.324	134	5.848	2433	14.461	3645	12.118
233	5.397	423	5.956	3723	15.804	4127	12.910
221	5.489	**151**	6.016	3313	16.071	3711	14.452
402	5.804	162	6.123	3314	16.855	2623	16.066
161	7.018	221	6.659	2512	16.933	3669	16.198
169	7.437	169	6.708	2140	17.347	1610	17.749
212	7.703	**212**	8.465	3759	22.603	2824	20.070
214	12.050	**161**	12.192	2530	24.682	3791	22.097

注：加粗行业为不同年份出现两次及以上的三位数行业代码。

2. 相关多样化集聚

经过测算，本章得到了 1998～2010 年中国城市细分类制造业产业多样化集聚的总指数（DIV）、相关多样化指数（RV）与无关多样化指数（UV）。为了描述中国城市制造业多样化集聚程度及其态势，本章通过分别求中国城市层面 DIV 指数、RV 指数及 UV 指数的均值，得到中国城市制造业多样化集聚的总体平均程度及其演变态势，如图 4-5 所示。

由图 4-5 可以看出，1998～2010 年间中国城市制造业的多样化的平均水平除 2008 年短暂下降外，总体上逐步提高。相关多样化的平均水平有逐年增加态势，但在 2008 年下降，无关多样化的平均水平变化幅度并不明显。这表明中国城市制造业中的产业结构较为稳定。

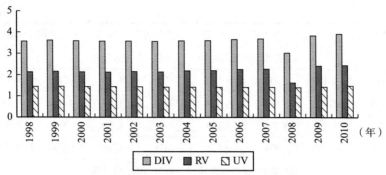

图 4 - 5   中国城市制造业多样化集聚的平均程度及其演变趋势

4.4   中国城市制造业企业创新的测度 及特征事实分析

如何选取度量企业进行创新活动的指标是准确度量企业创新的关键。根据已有研究（Lin et al.，2011），新产品产值是实证研究中衡量微观企业创新能力的常用指标，且新产品产值能够克服一般研发不能带来商业价值的弊端（Katila，Ahuja，2002）。因此，本节使用新产品产值作为企业创新衡量指标，并利用新产品产值与主营业务收入之比作为衡量企业创新强度指数的指标。

4.4.1   中国城市制造业企业创新的总体平均程度及其演变态势[①]

本节以两位数、三位数及四位数为分类标准，分别得到了 1998 ~ 2007 年中国城市层面制造业企业创新产值和创新强度数据。为了描述中国城市制造业企业创新的程度及其态势，本节通过求中国城市制造业行业层面创新产值和创新强度的均值，得到了中国城市制造业企业创新的总体平均程度及其演变态势，如表 4 - 12 所示。

首先，中国城市制造业企业创新产值的总体平均程度呈增加态势。

---

① 本部分关于企业创新指标的数据来自工业企业数据库，其中 2007 年之后数据大量缺失，故研究数据样本时期截止到 2007 年。

其中，四位数、三位数分类制造业行业的平均创新产值持续增加，但其增加幅度略小于两位数制造业行业。其次，中国城市制造业企业创新强度指数的总体平均程度在波动中呈下降态势，且两位数、三位数和四位数行业的企业创新强度指数的平均程度基本保持一致。最后，通过比较不同位数的制造业行业创新程度，本节发现，两位数行业制造业的创新产值最高，其创新强度相对较大。当行业分类越粗时，行业内统计的企业数量相对越多，行业企业创新产值相对就越大，相对应的创新强度也就越大。

表 4 – 12　　中国城市制造业企业创新强度指数和创新产值的
总体平均程度及其演变趋势

行业分类	1998 年	1999 年	2000 年	2001 年	2002 年	2003 年	2005 年	2006 年	2007 年
企业创新产值（万元）									
四位数	3078	3111	3367	3656	3638	3830	4842	5336	5452
三位数	4665	4864	5251	5661	5844	6160	7762	8818	9116
两位数	14886	15304	16768	17813	18402	19729	26757	30662	32342
企业创新强度指数（%）									
四位数	2.94	2.76	2.76	2.85	2.70	2.60	2.79	2.91	2.76
三位数	3.04	2.82	2.80	2.83	2.73	2.62	2.80	2.97	2.76
两位数	3.16	2.90	2.99	2.91	2.86	2.77	2.82	2.95	2.69

注：由于 2004 年新产品产值缺失，故此表缺乏 2004 年的创新数据。

4.4.2　中国城市各细分类制造业行业企业创新的总体平均程度及其演变态势

为了研究中国城市各细分类制造业行业企业创新强度指数的总体平均程度及其演变态势，本节分别对中国城市两位数、三位数及四位数代码制造业企业创新强度指数在城市层面求均值。

1. 两位数制造业行业

表 4 – 13 显示了中国城市各两位数制造业企业创新强度指数均值及其排名，限于篇幅，本节仅汇报了 1998 年和 2007 年的测算结果。可以看出，企业创新强度指数均值最高的行业主要集中于通信设备、计算机

表4-13 中国城市两位数制造业企业创新强度指数及其演变趋势（1998~2007年）

行业名称	代码	1998年	排名	2007年	排名	行业名称	代码	1998年	排名	2007年	排名
农副食品加工业	13	*0.010*	26	0.017	22	化学纤维制造业	28	0.029	12	0.016	23
食品制造业	14	0.015	22	0.029	8	橡胶制品业	29	0.035	8	0.019	20
饮料制造业	15	0.031	10	0.027	10	塑料制品业	30	0.031	9	0.023	14
烟草制品业	16	*0.006*	28	*0.000*	30	非金属矿物制品业	31	0.018	18	0.020	19
纺织业	17	0.029	11	0.023	15	黑色金属冶炼及压延加工业	32	*0.009*	27	*0.012*	27
纺织服装、鞋、帽制造业	18	0.014	23	*0.018*	21	有色金属冶炼及压延加工业	33	0.016	21	0.012	25
皮革、毛皮、羽毛（绒）及其制品业	19	0.017	20	*0.022*	16	金属制品业	34	0.029	13	0.022	17
木材加工及木、竹、藤、棕、草制品业	20	0.013	24	0.023	13	通用设备制造业	35	**0.059**	5	**0.043**	5
家具制造业	21	0.018	19	0.021	18	专用设备制造业	36	0.057	6	**0.054**	4
造纸及纸制品业	22	0.022	16	*0.012*	26	交通运输设备业	37	0.057	7	0.039	6
印刷业和记录媒介的复制业	23	*0.012*	25	0.013	24	电气机械及器材制造业	39	**0.066**	4	0.037	7

续表

行业名称	代码	1998 年	排名	2007 年	排名	行业名称	代码	1998 年	排名	2007 年	排名
文教体育用品制造业	24	0.020	17	0.026	11	通信设备、计算机及其他电子设备制造业	40	**0.087**	1	**0.058**	2
石油加工、炼焦及核燃料加工业	25	*0.004*	29	*0.006*	28	仪器仪表及文化、办公用机械制造业	41	**0.082**	2	**0.075**	1
化学原料及化学制品制造业	26	0.029	14	0.024	12	工艺品及其他制造业	42	0.023	15	0.028	9
医药制造业	27	**0.070**	3	**0.057**	3	废弃资源和废旧材料回收加工业	—	—	—	*0.006*	29

注：加粗数值对应创新强度均值最高的 5 个行业、斜体加粗数值对应创新强度均值最低的 5 个行业。

89

及其他电子设备制造业，仪器仪表及文化、办公用机械制造业等技术密集型产业以及医药制造业、专用设备制造业、通用设备制造业等技术水平较高的产业。企业创新强度指数均值最低的行业则主要集中于烟草制品业、农副食品加工业、造纸及纸制品业、印刷业和记录媒介的复制业等低端技术水平制造业产业，还有诸如黑色金属冶炼及压延加工业，石油加工、炼焦及核燃料加工业等资源密集型产业。这一结果基本符合制造业产业现实情况。1998～2007年中国城市大多数两位数制造业的企业创新强度指数均值排名在提高，仅化学纤维制造业、橡胶制品业、烟草制品业、造纸及纸制品业的创新强度明显减小，排名下降。

2. 三位数、四位数制造业行业

表4-14显示了1998年和2007年三位数和四位数制造业行业企业创新强度指数均值最高和最低的10个行业的测算结果。

表4-14　　中国城市三位数、四位数制造业企业创新强度指数
及其演变态势（1998～2007年）

行业代码	1998年	行业代码	2007年	行业代码	1998年	行业代码	2007年
企业创新强度指数均值最低的10个三位数、四位数行业							
143	0.0025	332	0.0069	3322	0.000	2512	0.000
183	0.0017	251	0.0064	3686	0.000	2623	0.000
379	0.0003	311	0.0058	3689	0.000	2811	0.000
161	0.0000	151	0.0052	3723	0.000	2823	0.000
169	0.0000	331	0.0043	3759	0.000	2824	0.000
201	0.0000	321	0.0026	**3791**	0.000	3329	0.000
212	0.0000	162	0.0002	3792	0.000	3519	0.000
214	0.0000	**161**	0.0000	4039	0.000	3712	0.000
253	0.0000	**169**	0.0000	4124	0.000	**3791**	0.000
292	0.0000	422	0.0000	4229	0.000	4230	0.000
企业创新强度指数均值最高的10个三位数、四位数行业							
402	0.212	**402**	0.111	**4123**	0.237	4124	0.189
412	0.143	411	0.091	**4020**	0.212	3693	0.159
401	0.109	419	0.083	4128	0.146	**4127**	0.142

行业代码	1998 年	行业代码	2007 年	行业代码	1998 年	行业代码	2007 年
企业创新强度指数均值最高的 10 个三位数、四位数行业							
405	0.090	**405**	0.074	4152	0.145	**4123**	0.127
392	0.087	364	0.072	**4127**	0.120	4115	0.127
415	0.085	376	0.070	4111	0.116	4154	0.124
365	0.083	409	0.063	3921	0.115	**4020**	0.111
406	0.080	276	0.062	4013	0.114	4121	0.102
391	0.078	354	0.062	3642	0.113	4190	0.098
272	0.076	**415**	0.061	4012	0.111	3761	0.093

注：加粗行业为不同年份出现两次的三位数及四位数行业代码。

1998 年企业创新强度指数均值按降序排列，位于前 5 位的三位数制造业行业有 402（雷达及配套设备制造）、412（核辐射加工）、401（通用仪器仪表制造）、405（衡器制造）、392（输配电及控制设备制造），位于后 5 位的三位数制造业行业有 201（木材加工）、212（竹、藤家具制造）、214（塑料家具制造）、253（核燃料加工）、292（塑料制品业）。2007 年企业创新强度指数均值按降序排列，位于前 5 位的三位数制造业行业有 402（雷达及配套设备制造）、411（日用杂品制造）、419（其他仪器仪表的制造及修理）、405（衡器制造）、364（低速汽车制造），位于后 5 位的三位数制造业行业有 321（炼铁）、161（烟叶复烤）、162（卷烟制造）、169（其他烟草制品加工）、422（日用杂品制造）。其中，402、405、415 行业的企业创新强度指数均处于较高水平，161、169 行业的企业创新强度指数均处于较低水平。

1998 年企业创新强度指数均值按降序排列，位于前 5 位的四位数制造业行业有 4123（导航、气象及海洋专用仪器制造）、4020（专用仪器仪表制造）、4128（电子测量及仪器制造）、4152（幻灯及投影设备制造）和 4127（核子及核辐射测量仪器制造），位于后 5 位的四位数制造业行业有 3791（潜水及水下救捞装备制造）、3792（交通管理用金属标志及设施）、4039（应用电视设备及其他广播电视设备制）、4124（农林牧渔专用仪器仪表制造）和 4229（其他日用杂品制造）。2007 年企业创新强度指数均值按降序排列，位于前 5 位的四位数制造业行业有

4124（农林牧渔专用仪器仪表制造）、3693（邮政专用机械及器材制造）、4127（核子及核辐射测量仪器制造）、4123（导航、气象及海洋专用仪器制造）和4115（试验机制造），位于后5位的四位数制造业行业有3329（其他贵金属冶炼）、3519（其他原动机制造）、3712（工矿有轨专用车辆制造）、3791（潜水及水下救捞装备制造）和4230（煤制品制造）。其中，4123、4127和4020行业企业创新强度指数均处于较高水平，而3791行业企业创新强度指数均值均处于较低水平。

4.5 本 章 小 结

如何准确地测度中国城市制造业集聚与企业创新的程度是本章展开实证研究的重要前提，而测度的准确与否也直接关系到实证检验及结论是否准确可靠。因此，本章在梳理有关产业集聚测度的方法的基础上，针对本章的研究主题选取适宜的产业集聚与企业创新测度方法，利用中国工业企业数据库中的微观企业数据对1998～2010年中国城市制造业集聚和企业创新进行了测度。其中，空间单元细化至288个地级市、行业分类细化至435个制造业行业，集聚类型细化至专业化与多样化集聚两大类，多样化集聚细化至相关多样化与无关多样化两种类型。在此基础上，本章采用描述性统计分析、聚类分析、ArcGIS空间分析技术，对中国城市制造业集聚与企业创新的总体平均程度及其演变特征、中国城市制造业细分类行业集聚与企业创新的总体平均程度及其演变特征进行了分析，得出以下重要结论：

第一，本章首次利用EG指数测度1998～2010年中国288个城市制造业（涉及30个两位数制造业行业、164个三位数制造业行业、435个四位数制造业行业）的总体集聚程度。研究发现，中国城市制造业集聚总体平均程度以及行业竞争水平在不断地加深和提高，且中国城市制造业集聚的分布存在明显的区域差异。

第二，本章利用区位熵指数分别对1998～2010年中国288个城市制造业两位数、三位数及四位数制造业行业的专业化集聚程度进行测度。研究发现，中国城市制造业专业化集聚总体平均程度略有下降。

第三，本章利用投入产出关系、MDS算法及K－mediods聚类算法度量中国城市 81 个制造业门类制造业行业（涉及 30 个两位数行业、151 个三位数行业、398 个四位数行业）的相关性，并分别计算得到 1998～2010 年 288 个地级市的多样化总指数（DIV）、相关多样化指数（RV）与无关多样化指数（UV）。研究发现，中国城市制造业的多样化总体的平均水平略有提高，但变化并不明显。相关多样化的平均水平有逐年增加态势，无关多样化的平均水平变化幅度不明显。

　　第四，本章利用微观企业新产品产值对 1998～2007 年中国 288 个城市两位数、三位数及四位数制造业行业企业创新平均水平和企业创新强度进行测度和分析。研究发现，中国城市制造业企业创新产值的总体平均程度呈增加态势，但中国城市制造业企业创新强度指数的总体平均程度在波动中呈下降态势。制造业企业创新强度指数均值最高的行业主要集中于通信设备、计算机及其他电子设备制造业等技术密集型产业以及医药制造业以及专用设备制造业等技术水平较高的产业。企业创新强度指数均值最低的行业则主要集中于烟草制品业、农副食品加工业等低端技术水平制造业产业，还有如黑色金属冶炼及压延加工业等资源密集型产业。

第5章 中国城市制造业集聚对企业创新影响的静态效应检验

5.1 引　言

得益于过去30多年中国产业政策的推行和实施，中国的产业集聚得到了快速的成长和发展。地方政府为了提高政绩对辖区内产业集聚的干预普遍存在，诸如产业扶持、融资支撑、税收减免等优惠政策已经成为地方政府发展产业集聚的主要"政策手段"（王永培、晏维龙，2014；赵勇、魏后凯，2015；孙晓华、郭旭，2015）。然而，政府的干预弱化了市场在产业资源配置中的作用，造成了产业要素不能按照各自的边际报酬自发集聚，继而引发了只有企业"扎堆"而没有集聚效应的现象（郑江淮等，2008；钱学锋等，2012；师博、沈坤荣，2013）。特别是对中国的制造业行业来说，现有研究已普遍表明，产业集聚主要表现为拥挤效应（congestion effect）而非集聚效应（周圣强、朱卫平，2013；沈能等，2014；李晓萍等，2015；孙元元、张建清，2015）。然而，产业集聚之所以能够产生、发展及推动经济增长，关键在于它拥有非集聚企业无法比拟的竞争力，即创新优势（吴利学、魏后凯，2004）。

本章的研究旨在回答以下重要问题：普遍存在的"政策租"及依存其成长起来的制造业集聚现象，是否因为较高的拥挤效应，不利于创新生态的形成，从而影响着产业发展的质量与水平，进一步抑制产业集聚的创新活力？当前，制造业企业是中国企业技术创新的主力军，[①] 但

---

① 来自国家统计局2015年全国企业创新调查的统计结果显示，2015年开展创新的制造业企业占比48.2%，远高于服务业32.6%的比重。同时，缺乏创新动力的制造业企业占比13.9%，远低于服务业23.9%的比重。

其创新动力仍旧不足，创新能力还存在短板。对这一问题的关注引发了有待深入讨论的议题：政府忽视产业集聚演化规律的不恰当干预是否导致了企业的"创新惰性"，使得易于模仿的技术创新模式成为制造业企业技术创新的"路径依赖"，进一步锁定了产业升级的成长空间？本书认为当前政府干预背景下的产业集聚为制造业企业集聚营造了依赖低成本竞争的生存环境，滋生了企业的寻租行为，通过"温室效应"致使企业技术创新模式倾向于低端化。本书将其界定为政府干预背景下企业寻租的行为惯性所造成的"创新惰性"。正是由于"创新惰性"的存在，使得企业安于现状或者规避难度更大的创新模式，进而抑制了产业升级的空间。

　　基于以上分析，本章对中国城市制造业集聚对企业创新的影响效应及影响机制进行逐一检验。下文的结构安排如下：5.2 是实证研究设计，包括计量模型的构建、变量选取及数据来源和预处理；5.3 是本章的实证检验部分，包括制造业集聚对企业创新的影响效应检验、内生性问题处理、稳健性检验及异质性检验等内容；5.4 是影响机制检验，5.5 是本章小结。

　　本章的研究结论对于激发企业创新活性、促进产业转型升级、规范与转变政府行为进而实现集聚条件下的创新驱动发展提供了有益的启示。明确政府与市场的边界、转变政府职能、规范政府干预，培育产业集聚良性发展的市场力量，无论是对于产业的持续发展还是激励企业的创新活力等，都是长期不容懈怠的任务。

5.2　实证研究设计

5.2.1　计量模型的构建

　　为了检验中国城市制造业集聚对企业创新的静态影响效应，本章构建了基于面板数据分析的固定效应模型：

$$\text{inno}_{ijkt} = \beta_0 + \beta_1 IA_{ijkt} + \beta_2 IA_{ijkt}^2 + \gamma\, CV_{ijkt} + \eta_i + \mu_t + \varepsilon_{ijkt} \qquad (5-1)$$

其中，inno 表示 k 城市中行业 j 在位企业 i 的创新率，[①] IA 表示中国城市制造业集聚水平，CV 表示影响在位企业创新率的其他控制变量集，η_i、μ_t 分别表示影响在位企业创新率的企业个体异质性效应和时间效应，ε 表示其他不可观测因素。另外，企业个体固定效应包含了不随时间变化的产业、城市、地区等不随时间变化的因素，因此在计量模型中无须专门控制产业固定效应、城市固定效应。借鉴已有经验研究，控制企业的固定效应能够解决未被控制的企业持久特征与解释变量的相关性（王文春、荣昭，2014），因此，本章所有回归均采用面板固定效应模型。

5.2.2 变量说明

1. 被解释变量

在位企业创新率（inno）：使用在位创新企业占同行业（四位数制造业行业）在位企业的比例来表示。首先，如何选取度量企业进行创新活动的指标是度量在位企业创新率的关键。根据已有研究（Lin et al.，2011），新产品产值是实证研究中衡量微观企业创新能力的常用指标，且新产品产值能够克服一般研发不能带来商业价值的弊端（Katila and Ahuja，2002）。因此，本章使用新产品产值是否大于 0 作为判断企业是否进行创新的依据，若在位企业当年新产品产值大于 0，则定义为在位创新企业。其次，如何定义在位企业关乎着在位企业创新率的具体衡量，根据前文所述，本章将产业集聚对企业创新影响的静态效应界定为不考虑企业进入和企业退出（企业动态改变）的集聚环境下的创新效应，因此，在位企业为全部样本企业剔除掉进入企业和退出企业后的企业。

2. 解释变量

制造业总体集聚变量（IA_eg）：利用区位熵（EG）指数对中国城市制造业集聚程度进行总体测度，分别得到中国城市 282 个地级及以上城市层面的 30 个两位数制造业行业、164 个三位数制造业行业、435 个四位数制造业行业的 EG 指数。

---

① 在位企业是指剔除掉进入企业和退出企业剩余的样本企业，企业进入和企业退出的界定详见本书第 6 章。

由于制造业行业层次选择越细，越能够反映客观现实，越容易控制行业特征，越能够准确地度量产业集聚外部性对企业创新的影响（范剑勇、李方文，2011），因此本章在实证研究中均采用以四位数制造业行业为分类标准计算的集聚变量。具体计算结果在本章 5.4 节，在此不再赘述。

3. 控制变量

基于企业创新理论和已有实证文献，本章分别从企业层面、行业层面及城市层面对可能影响在位企业创新率的因素加以控制。

（1）企业层面控制变量。

研发投入强度（rd）：使用研发投入费用与主营业务收入之比来表示。根据企业研发投入相关理论，企业研发投入强度越大越有利于企业开展创新活动。本章预期研发投入强度对在位企业创新率具有正向影响。

企业规模（size）：使用企业年销售收入对数来表示。现有研究表明，企业规模越大越有利于创新，但超过规模经济时，企业规模会抑制企业创新（Aghion et al.，2006；林炜，2013；王文春、荣昭，2014）。因此，本章还加入了企业规模平方项（sizesq）以表征企业规模与在位企业创新率之间存在非线性关系。本章预期企业规模变量的估计系数为正，企业规模平方项变量的估计系数为负。

企业融资约束（finance）：用（流动资产－流动负债）/总资产表示。企业融资约束是制约企业开展创新活动的关键变量，企业融资约束越大越不利于企业开展创新。本章预期企业融资约束对在位企业创新率具有负向影响。

企业利润率（profit）：用企业的营业利润与企业销售额之比来表示。企业利润率越高，企业用于开展创新活动的投入资金则越充分。因此，本章预期企业利润率对在位企业创新率具有正向影响。

企业出口虚拟变量（dumexport）：企业是否出口用出口交货值是否大于 0 进行衡量，企业出口衡量了企业的市场需求状况。因此，本章预期企业出口变量的估计系数为正。

企业固定资产密集度（falr）：企业固定资产比重衡量了一个企业经济特征，企业固定资产比重越高，企业资产弹性越小，越不利于企业开展创新活动。因此，本章预期企业固定资产密集度的估计系数为负。

企业的控股关系：若企业实收资本中国家资本金的比例最高，则定义为国有企业，生成虚拟变量 state；若企业实收资本中集体资本金和法人资本金之和的比例最高，则定义为私有企业，生成虚拟变量 private；同样做法，得到外资企业虚拟变量 foreign。

（2）行业层面控制变量。

行业竞争程度（h）：基于四位数制造业行业的赫芬达尔指数 HHI 指数表示。根据产业集聚效应理论，MAR 外部性理论认为垄断比竞争更有利于发挥知识和技术的溢出效应，更有利于企业创新；而雅格布斯外部性和波特（Porter）外部性理论均认为竞争的市场结构更有利于产业创新。实证研究将对行业竞争程度变量进行检验。为了检验行业竞争程度与企业创新之间的非线性关系，模型中还加入了其平方项（h^2）。

行业市场占有率（market）：企业主营业务收入占四位数制造业行业主营业务收入之比，加总到城市与四位数制造业行业层面，市场占有率越大，企业面临的市场需求越大，企业创新激励越强。本章预期市场占有率对企业创新具有正向影响。

（3）城市层面控制变量。

城市人口密度（popd）：用市辖区人口与城市土地面积之比来表示。城市人口密度越大，城市本地市场需求规模则越大，企业开展创新活动的倾向则越强。本章预期其对在位企业创新率具有正向影响。

城市产业结构：用第二产业比重（secondin）来表示。城市第二产业比重的提高意味着城市工业化水平的提升。本章预期第二产业比重变量有利于在位企业创新率提高。

城市科技支出占比（tech_ex）：采用科技支出占 GDP 的比重来表示。科技支出占比越高，城市的公共研发投入强度越大，城市科研创新水平越高，越有利于企业开展创新活动。本章预期此变量的估计系数为正。

城市道路密度（droad）：城市道路密度反映了城市交通基础设施水平，基于经验研究（蔡晓慧、茹玉骢，2016）结论，基础设施的改善有利于大企业研发，而会抑制小企业研发。这种差异性影响是规模效应和挤出效应共同作用的结果。因此，城市道路密度对在位企业创新率的影响效应可能为正，也可能为负。

城市存款规模（ppost）：用金融机构人民币各项存款占 GDP 的比重

来表示。城市存款规模衡量了企业外部金融环境的宽松程度。本章预期其有利于企业开展创新，对在位企业创新率具有正向影响效应。

5.2.3　数据来源与数据处理

1. 数据来源

本章面板数据中的微观企业数据来自1998～2010年中国工业企业数据库中的企业数据，该数据库统计了中国全部国有企业和年销售额（主营业务收入）超过500万元（人民币）以上的非国有企业，包括占全部工业企业比重超过90%以上的制造业企业。中国工业企业数据库涵盖了丰富的制造业企业信息，包括企业法人代码、企业名称、所在地域行政区划代码、所属的行业代码、企业年均就业人数等基本信息，还包括了企业产品信息、资产负债、企业利润以及生产经营活动等方面的信息。因此，中国工业企业数据库能够满足本部分实证研究的数据要求。

本章面板数据中的城市数据来自1998～2010年《中国城市统计年鉴》。本章的研究涉及微观、中观、宏观三个层面的变量，具有不同的数据来源，其基本思想是以微观数据样本为基准，根据城市代码（ID）和行业代码将中观层面数据与微观企业数据进行匹配，根据城市ID将宏观层面数据与微观企业数据进行匹配。

2. 数据处理

根据聂辉华等（2012）的研究，本章首先对中国工业企业数据库数据进行处理，之后参考布兰特等（Brandt et al.，2012）的做法，将样本数据匹配成面板数据（见表5－1）。

表5－1　　　　　　　　各时间段面板数据的匹配结果

年份	样本量	百分比（%）	累积百分比（%）	年份	样本量	百分比（%）	累积百分比（%）
1998	123621	6.34	6.34	2001	149789	7.68	28.73
1999	146143	7.49	13.83	2002	160794	8.24	36.97
2000	140890	7.22	21.05	2003	172345	8.84	45.81

续表

年份	样本量	百分比（%）	累积百分比（%）	年份	样本量	百分比（%）	累积百分比（%）
2004	229050	11.74	57.55	2008	182463	33.33	33.33
2005	247840	12.71	70.26	2009	182463	33.33	66.67
2006	275262	14.11	84.37	2010	182463	33.33	100.00
2007	304953	15.63	100				

具体内容：第一步，对中国企业数据库进行数据清洗，包括文件转换、乱码翻译、变量名统一等工作。第二步，对企业的行业代码（细化至四位数行业标准）进行统一，仅保留制造业企业，即在原始样本中删除采矿业，电力、燃气及水的生产和供应业样本。对企业的行政区划代码进行统一。另外，本章还对行政区划代码缺失、异常、不合理的样本（包括仅统计到省级地区代码的样本、省直管县、省自治州、盟样本）进行剔除。具体内容同第4章的数据处理，在此不再详述。第三步，根据关键匹配变量的缺失程度，对样本数据进行分时间段匹配。

1998~2007年面板数据匹配思路：首先根据企业代码进行匹配，其次将未匹配成功的根据企业名称进一步匹配，最后再根据企业所在地＋电话号码＋成立年＋企业代表名称＋行业代码＋主要产品进行最终匹配，得到1998~2007年面板数据样本。

2008~2010年面板数据匹配思路：由于2008年数据缺失企业代码，2008~2010年数据均缺失企业代表名称，本章首先将2009年与2010年数据根据企业代码、企业名称和企业所在地＋电话号码＋成立年＋行业代码＋主要产品进行匹配；其次将2008年与2009年数据根据企业名称与企业所在地＋电话号码＋成立年＋行业代码＋主要产品进行匹配；最后将2008~2009年面板数据与2009~2010年面板数据合并成一个3年的平衡样本。然后，本章对匹配后的面板数据中的异常值进行处理：对平均就业人数少于10、销售额（主营业务收入）低于500万元的样本进行剔除；对不符合会计原则的统计样本（总资产小于流动资产，总资产小于固定资产净值，总资产小于固定资产年均值，或者累计折旧小于当期折旧的样本）进行剔除；对统计有误的样本（开业时间大于样本年份、开业时间为 0、开业时间小于 1949、开业时间小于 0）进行剔除；对关键变量（新产品产值、平均就业人数）极端值进行 1% 水平的缩尾（Winsorize）处理。

5.2.4　描述性统计分析

由于 2004 年和 2008 年中国工业企业数据库缺失新产品产值数据，本章的面板数据保留 1998～2003 年、2004～2007 年及 2009～2010 年共 3 个时期的样本。表 5－2 主要报告了 1998～2003 年、2005～2007 年时期主要变量的描述性统计。

表 5－2　　　　　　　　　　　主要变量描述性统计

变量	变量名称	1998～2003 年			2005～2007 年		
		观测值	均值	标准差	观测值	均值	标准差
inno	在位企业创新率	605734	0.074	0.171	652882	0.089	0.174
IA_eg	制造业总体集聚	568135	0.13	0.28	628058	0.165	0.268
rd	研发投入强度	105162	0.002	0.047	652881	0.002	0.019
size	企业规模	605734	9.756	1.172	652881	10.239	1.15
falr	企业固定资产密集度	605734	0.363	0.203	652881	0.337	0.211
finance	企业融资约束	605734	0.032	0.351	652881	0.078	0.32
h	行业竞争程度	605734	0.304	0.308	652881	0.195	0.254
profit	企业利润率	605734	−0.005	0.323	652881	0.037	0.13
market	行业市场占有率	605734	0.004	0.014	652881	0.002	0.008
dumexport	企业出口	605734	0.297	0.457	652882	0.292	0.455
state	是否国有企业	605734	0.169	0.374	652882	0.03	0.169
private	是否私有企业	605734	0.473	0.499	652882	0.76	0.427
foreign	是否外资企业	605734	0.071	0.257	652882	0.08	0.277
popd	城市人口密度	1541	0.115	0.107	854	0.1	0.099
secondin	第二产业比重	1579	49.145	12.809	850	50.004	13.17
tech_ex	城市科技支出比	1538	0.059	0.068	850	0.082	0.102
droad	城市道路密度	1544	0.745	1.23	853	0.934	1.118
ppost	城市存款规模	1535	0.866	0.332	851	0.815	0.327

101

5.3　实　证　检　验

5.3.1　基准回归

本章的面板数据包含了中国 288 个城市 1998～2010 年的统计数据，总观测值约为 170 万个。由于 2004 年和 2008 年中国工业企业数据库缺失新产品产值数据，本章的面板数据保留了 1998～2003 年、2005～2007 年及 2009～2010 年 3 个时期的样本。

本节针对中国城市制造业集聚对企业创新的静态影响效应分时间段分样本进行检验。为保证估计结果的一致性和有效性，本章在实证检验前进行如下分析：第一，对所有变量进行斯皮尔曼（Spearman）相关性分析发现，变量之间的相关系数相对较小，且各控制变量与核心解释变量之间的相关系数不超过 0.39，表明模型不存在严重的多重共线性问题。第二，为消除极端值的影响，本章对除虚拟变量以外的变量均进行 1% 水平的 Wnsorize 处理。第三，采用面板数据的双向固定效应模型进行估计，以消除个体差异与时期差异带来的影响。第四，由于各产业集聚变量之间存在相关性，本章采用的方法是首先将集聚变量引入模型以检验集聚变量的外部性正负，其次将集聚变量的二次项引入模型，以检验集聚变量与在位企业创新率之间是否存在非线性关系。

表 5-3 显示了中国城市制造业集聚对在位企业创新率的影响效应检验结果。模型（1）和模型（2）是 1998～2003 年中国城市制造业产业集聚对在位企业创新率的影响效应检验，制造业总体集聚变量（IA_eg）的估计系数显著为负，但其二次项系数的估计结果并不显著。这表明 1998～2003 年中国城市制造业集聚对企业创新表现出显著的负向影响效应，中国城市制造业集聚水平的提高不利于在位企业创新率的提高。模型（3）和模型（4）是 2005～2007 年中国城市制造业集聚对在位企业创新率的影响效应检验，制造业总体集聚变量（IA_eg）的估计系数显著为负，其二次项变量的估计系数依然不显著。这表明 2005～2007 年中国城市制造业集聚对企业创新表现出显著负外部性，制造业

集聚水平提高不利于在位企业创新率的提高。模型（5）和模型（6）是 2009～2010 年中国城市制造业总体集聚对企业创新的静态效应检验，制造业总体集聚变量（IA_eg）的估计系数在 10% 的显著性水平上为负，但加入二次项后系数不显著，二次项估计系数显著为正。这表明 2009～2010 年中国城市制造业集聚对企业创新表现出显著的负向效应，中国城市制造业集聚水平的提高不利于在位企业创新率的提高。假说 1 得到了初步验证。

表 5 – 3　　中国城市制造业集聚对在位企业创新率影响的回归结果

解释变量	(1)	(2)	(3)	(4)	(5)	(6)
	1998～2003 年		2005～2007 年		2009～2010 年	
IA_eg	−0.055 * (0.031)	−0.012 * (0.007)	−0.560 ** (0.247)	−0.636 ** (0.283)	−0.530 * (0.285)	0.092 (0.334)
IA_eg * IA_eg		−0.120 (0.291)		0.189 (0.423)		1.197 ** (0.525)
rd	0.211 *** (0.076)	0.211 *** (0.076)	0.211 *** (0.076)	1.969 *** (0.075)	0.168 *** (0.036)	0.168 *** (0.036)
size	0.872 *** (0.059)	0.873 *** (0.059)	0.872 *** (0.059)	−0.357 *** (0.081)	0.161 ** (0.069)	0.165 ** (0.069)
$size^2$	−0.141 *** (0.016)	−0.141 *** (0.016)	−0.141 *** (0.016)	−0.025 (0.021)	−0.134 *** (0.026)	−0.134 *** (0.026)
fixed	−0.039 *** (0.003)	−0.039 *** (0.003)	−0.039 *** (0.003)	0.048 *** (0.003)	0.022 *** (0.004)	0.021 *** (0.004)
finance	0.030 *** (0.004)	0.030 *** (0.004)	0.030 *** (0.004)	−0.016 *** (0.006)	−0.001 (0.001)	−0.001 (0.001)
profit	0.069 *** (0.015)	0.069 *** (0.015)	0.069 *** (0.015)	−0.306 *** (0.016)	−0.014 (0.014)	−0.014 (0.014)
h	8.275 *** (0.462)	8.330 *** (0.469)	8.275 *** (0.462)	1.253 * (0.671)	1.975 *** (0.722)	1.561 ** (0.739)
h^2	−3.734 *** (0.709)	−3.812 *** (0.719)	−3.734 *** (0.709)	−0.841 (1.075)	−1.363 (1.151)	−0.812 (1.163)

解释变量	(1)	(2)	(3)	(4)	(5)	(6)
	1998~2003 年		2005~2007 年		2009~2010 年	
market	1.076 (1.024)	1.086 (1.024)	1.076 (1.024)	−21.745*** (2.427)	4.372*** (1.317)	4.203*** (1.322)
dumexport	1.710*** (0.112)	1.710*** (0.112)	1.710*** (0.112)	15.965*** (0.208)	1.334*** (0.146)	1.332*** (0.146)
state	0.307* (0.168)	0.307* (0.168)	0.307* (0.168)	−0.165 (0.290)	0.418 (0.428)	0.418 (0.428)
private	0.182** (0.080)	0.182** (0.080)	0.182** (0.080)	−0.649*** (0.120)	−0.149 (0.119)	−0.146 (0.119)
foreign	0.007 (0.146)	0.007 (0.146)	0.007 (0.146)	−0.394** (0.162)	0.380** (0.161)	0.384** (0.161)
popd	7.883*** (0.505)	7.881*** (0.505)	7.883*** (0.505)	−1.268*** (0.335)	0.664 (1.347)	0.635 (1.347)
secondin	−0.027** (0.013)	−0.027** (0.013)	−0.027** (0.013)	0.661*** (0.015)	−0.126*** (0.025)	−0.125*** (0.025)
tech_ex	−1.136*** (0.424)	−1.134*** (0.424)	−1.136*** (0.424)	4.617*** (0.164)	−0.574* (0.333)	−0.564* (0.333)
droad	−0.777*** (0.054)	−0.777*** (0.054)	−0.777*** (0.054)	−0.763*** (0.036)	0.043 (0.075)	0.045 (0.075)
ppost	0.338 (0.218)	0.338 (0.218)	0.338 (0.218)	21.272*** (0.492)	2.201*** (0.574)	2.200*** (0.576)
时期固定效应	Y	Y	Y	Y	Y	Y
企业固定效应	Y	Y	Y	Y	Y	Y
常数项	2.451*** (0.730)	2.440*** (0.730)	2.451*** (0.730)	−42.123*** (1.123)	11.909*** (1.546)	11.873*** (1.547)
N	539143	539143	539143	625376	234686	234686
R^2	0.008	0.008	0.008	0.109	0.004	0.004

注：括号内的数值为稳健标准误，*、**、***分别代表10%、5%、1%的显著水平。

就控制变量而言，研发投入强度（rd）、企业规模（size）、企业出口（dumexport）等变量对在位企业创新率的影响效应符合本章的预期。赫芬达尔指数变量系数均显著为正，其二次项系数显著为负。这表明赫芬达尔指数与在位企业创新率之间存在显著倒"U"型关系，市场垄断程度超过一定值，其对在位企业开展创新的比率影响效应由正转为负。由于模型估计的临界值为 1.101，观测值均在倒"U"型曲线的左边，这表明赫芬达尔指数的提高有利于在位企业创新率的提高。这表明垄断市场结构更有利于企业创新，验证了 MAR 外部性理论关于市场结构与创新关系的观点，也支持了熊彼特关于创新需要企业有一定规模和市场垄断地位的假说（Schimpeter，1942）。

就城市层面控制变量而言，城市科技支出占比（tech_ex）变量估计系数显著为负，这与本章的预期相反。一种可能的解释是，由于研发支出的总额有限，城市科技支出占比越高，公共研究机构研发投入越多，企业所能支配的研发支出就越少，即公共研发投入对企业研发存在挤出效应。城市道路密度变量（droad）的估计系数显著为负，表明地方政府交通基础设施改善和投入提高企业的融资成本，抑制了企业创新，这与蔡晓慧、茹玉骢（2016）的研究结论一致。

5.3.2　稳健性检验

1. 变量选取和数据说明

在前面的实证研究中，采用 EG 指数测度中国城市制造业的总体集聚水平难免存在一定的度量误差。这是因为测度方法更多地反映了制造业企业就业人数在地理上的集中，距离真实刻画现实中制造业企业在特定空间单元的集聚还有一定的距离。为此，本章在稳健性检验中对上述集聚指标的度量方法进行替换。

借鉴杜兰顿和奥弗曼（2005）使用企业间地理距离为基础的 DO 指数来衡量产业空间集聚程度的研究思路，参考邵宜航、李泽扬（2017）对制造业空间集聚指标的构建方法，本章构建了以制造业地理区位为基础的衡量制造业总体集聚的新指标。

首先，利用每个制造业企业的企业名称对接百度地图开放平台（Geocoding API）的后台数据库，获取每个制造业企业的经度和纬度地理坐标。① 本章根据 2003 年和 2009 年制造业企业经度和纬度地理坐标，利用 ArcGIS 空间分析技术，作出中国城市制造业企业的空间分布图。可以看出，本章得到的制造业企业地理坐标所呈现出的空间分布特征基本上符合现实，诸如京津冀、长三角、珠三角等东部地区集聚着大量的制造业企业，且这种集聚水平在 2009 年表现得更高，这在一定程度上表明本章所得到的制造业企业的经纬度指标相当可靠。

其次，借鉴邵宜航、李泽扬（2017）的研究，分别计算制造业企业经度和纬度的变异系数，构造制造业集聚的衡量指标。采用计算经纬度变异系数的方法，能够反映制造业企业空间分布的离散程度，同时还能够消除因中国地大物博、经纬度差异较大带来的测量尺度与量纲影响。制造业企业经度变异系数与纬度变异系数乘积越小，说明制造业企业地理区位离散程度越小，其集聚水平越高。公式如下：

$$\ln CV\_IA = -\ln (CV_x \times CV_y) \tag{5-2}$$

其中，CV_x 表示制造业企业经度的变异系数，CV_y 表示制造业企业纬度的变异系数。

最后，构造中国城市制造业集聚的衡量指标。根据式（5-2），将城市层面制造业企业经纬度乘积的对数作为衡量制造业总体集聚的指标，记为 $\ln CV\_IA\_eg$。

2. 估计结果分析

表 5-4 所示显示了稳健性检验的估计结果。估计结果显示，除模型（1）之外，其他模型的估计结果与基准回归一致。制造业集聚变量对企业创新的负向影响效应只有在 2005～2007 年和 2009～2010 年时期样本中显著，上述结果与前文基准回归及工具变量估计的结果基本一致，表明本章的研究结论依然稳健。假说 1 得到了再次验证。

表 5-4　　　　　　　　　　　　稳健性检验

解释变量	(1)	(2)	(3)
	1998～2003 年	2005～2007 年	2009～2010 年
IA_eg	-0.009 (0.067)	-2.108*** (0.143)	-0.290*** (0.096)

---

① 对于缺失企业名称的企业，本章根据其企业代码将其他年份的企业名称进行匹配。

解释变量	(1)	(2)	(3)
	1998～2003 年	2005～2007 年	2009～2010 年
rd	0.257 *** (0.078)	1.996 *** (0.074)	0.177 *** (0.036)
size	0.877 *** (0.057)	-0.263 *** (0.079)	0.144 ** (0.068)
$size^2$	-0.141 *** (0.015)	-0.021 (0.020)	-0.135 *** (0.024)
fixed	-0.038 *** (0.003)	0.044 *** (0.003)	0.019 *** (0.004)
finance	0.026 *** (0.004)	-0.013 ** (0.006)	-0.001 (0.001)
profit	0.072 *** (0.013)	-0.284 *** (0.016)	-0.014 (0.014)
h	7.924 *** (0.446)	1.787 *** (0.643)	1.085 (0.686)
h^2	-2.926 *** (0.681)	-1.213 (1.007)	-0.161 (1.100)
market	0.552 (0.982)	-21.338 *** (2.369)	4.866 *** (1.297)
dumexport	1.771 *** (0.111)	15.251 *** (0.199)	1.421 *** (0.147)
state	0.324 ** (0.163)	0.069 (0.287)	0.303 (0.419)
private	0.174 ** (0.078)	-0.530 *** (0.113)	-0.087 (0.118)
foreign	0.001 (0.132)	-0.201 (0.140)	0.377 ** (0.163)
popd	7.527 *** (0.491)	-2.474 *** (0.325)	0.753 (1.404)

续表

解释变量	(1)	(2)	(3)
	1998~2003 年	2005~2007 年	2009~2010 年
secondin	-0.022 * (0.012)	0.641 *** (0.015)	-0.139 *** (0.026)
tech_ex	-1.188 *** (0.417)	4.391 *** (0.165)	-0.830 ** (0.341)
droad	-0.756 *** (0.051)	-0.757 *** (0.036)	0.046 (0.079)
ppost	0.310 (0.211)	20.768 *** (0.485)	1.847 *** (0.538)
时间固定效应	Y	Y	Y
企业固定效应	Y	Y	Y
常数项	2.312 *** (0.885)	-58.883 *** (1.687)	10.754 *** (1.877)
N	573838	650121	240568
R-sq	0.009	0.103	0.004

注：括号内的数值为稳健标准误，*、**、***分别代表10%、5%、1%的显著水平。

5.3.3　内生性问题与工具变量估计

研究产业集聚与创新的文献广泛关注了二者之间存在的内生性问题。一方面解释变量与被解释变量之间存在双向因果关系会引发内生性。在本章的研究中，企业为获取更高效率的知识或技术溢出，可能存在自发地进入高创新水平或创新率高的集聚区的行为，即一个集聚区的创新水平或创新选择会反过来影响产业集聚水平。另一方面，解释变量与不可观测的因素之间存在相关性也会引起内生性。企业创新会受到外界宏观经济环境及政策的影响，但同时产业集聚特别是具备技术关联的不同产业内企业集聚（相关多样化）会大大受到外部经济环境变化所带来的影响。

为解决内生性问题对估计结果可能造成的偏误，本章选取两组工具变量，使用两阶段最小二乘估计（2SLS）对基准回归重新估计。其中，第一组选取了城市绿地面积（greenarea）、城市绿地密度（dgreen）、建成区绿化覆盖率（green）作为各产业集聚变量的工具变量，这是因为城市绿化直接反映了地理区位环境对产业集聚的影响，但与企业创新并无直接关联。原始数据来自 1998 ~ 2010 年的《城市统计年鉴》。参考王永进、张国峰（2016）和沈鸿、向训勇（2017）的研究，本章还选取了一组能够反映特定历史发展水平与基础设施条件的变量作为工具变量，包括 1985 年城市人口密度（popd1985）、1985 年人均道路面积（road1985）、1985 年城市园林绿地面积的比重（green1985）及 1985 年每万人拥有的公共汽车数量（bus1985），原始数据来自《新中国统计资料汇编》。由于自我强化和自我锁定效应的存在，特定历史发展水平和反映地理区位环境的状况是集聚形成的初始条件之一，与之后的产业集聚水平相关，因此本章工具变量满足和解释变量具有相关性的条件。各工具变量与被解释变量之间不存在直接相关关系，可以认为是外生变量，且经计算，各工具变量与被解释变量之间的相关系数均小于 0.15（见表 5 - 5），可以认为各工具变量对被解释变量的影响极小。

表 5 - 5　　　　　工具变量与被解释变量之间的相关系数矩阵

变量	inno	green	dgreen	greenarea	popd1985	bus1985	road1985	green1985
inno	1							
green	0.0109 *	1						
dgreen	0.0401 *	0.4112 *	1					
greenarea	0.1522 *	0.3575 *	0.5317 *	1				
popd1985	0.0915 *	0.0605 *	0.3894 *	0.4060 *	1			
bus1985	0.0944 *	0.1382 *	0.4191 *	0.7423 *	0.5617 *	1		
road1985	- 0.0067 *	0.2879 *	0.3785 *	0.2988 *	0.3259 *	0.5475 *	1	
green1985	0.0222 *	0.1248 *	0.4842 *	0.4819 *	0.7536 *	0.6474 *	0.4572 *	1

注：*** 、** 和 * 分别表示在 1%、5% 和 10% 的显著性水平上显著。

表 5 - 6 显示了各个样本时期利用工具变量的 2SLS 估计结果。模型（1）~ 模型（3）报告了不同时期以 EG 指数衡量的制造业集聚变量的 2SLS 估计结果。结果表明，制造业集聚变量对企业创新的负效应只

有在 2005～2007 年和 2009～2010 年时期的样本中显著。这表明采用
2SLS 估计控制内生性问题后，研究结论与前文基本一致，前文基准回
归的结论是稳健的。

表 5－6　　　　　　　　　内生性问题与工具变量估计

变量	(1)	(2)	(3)
	1998～2003 年	2005～2007 年	2009～2010 年
IA_eg	-1.714 (2.545)	-4.467*** (1.859)	-1.095* (0.602)
企业特征变量	Y	Y	Y
产业特征变量	Y	Y	Y
城市特征变量	Y	Y	Y
时间固定效应	Y	Y	Y
企业固定效应	Y	Y	Y
N	445734	512391	201022
Kleibergen – Paap rk LM 统计量	66.892 [0.005]	28.547 [0.036]	72.17 [0.000]
Kleibergen – Paap rk Wald F 统计量	14.372	14.084	18.05
Hansen J 统计量	3.417 [0.181]	2.104 [0.349]	4.88 [0.251]

注：***、** 和 * 分别表示在 1%、5% 和 10% 的显著性水平上显著，括号内为稳健标准
误，中括号内为相应统计量的 P 值。

　　工具变量的选取均通过了有效性检验：第一，识别不足检验的统计
量（Kleibergen – Paap rk LM 统计量）P 值均小于 0.01，在 1% 显著水平
上均拒绝了原假设，表明不存在识别不足问题；第二，弱工具变量检验
的统计量（Kleibergen – Paap rk Wald F 统计量）均大于 10，表明工具
变量与内生变量有较强的相关性；第三，过度识别检验（Hansen J 统计
量）的 P 值均大于 0.1，表明在 10% 显著水平上仍无法拒绝工具变量是
合理的原假设。

5.3.4 异质性检验

产业集聚效应可能存在产业差异、区域差异、城市规模差异及企业规模差异等。本部分对中国城市制造业集聚效应的异质性进行检验。由于前面的实证研究中，2005～2007年与2009～2010年时间段模型估计的内生性及稳健性更好，本部分为了节省空间，不再对1998～2003年进行分样本检验。

首先，为了检验各集聚变量对企业创新的静态影响是否存在产业差异，本部分对劳动密集型产业、资本密集型产业与技术密集型产业分别进行回归分析。其中，选择纺织业、纺织服装鞋帽制造业、造纸及纸制品业、印刷业和记录媒介的复制、塑料制品业代表劳动密集型产业；选择化学原料及化学制品制造业、化学纤维制造业、有色金属冶炼及压延加工业、金属制品业代表资本密集型产业；选择医药制造业，交通运输设备制造业，电气机械及器材制造业，通信设备计算机及其他电子设备制造业，仪器仪表及文化、办公用品机械制造业代表技术密集型产业。对三类不同产业样本分别进行回归估计，结果见表5-7模型（1）～模型（3）。

结果表明，中国城市制造业集聚对在位企业创新率的影响存在产业异质性。2005～2007年，劳动密集型产业和资本密集型产业集聚对在位企业创新率均存在显著的负向影响效应，说明在此期间劳动密集型和资本密集型产业集聚影响程度中拥挤效应占主导。2009～2010年，仅资本密集型产业集聚对在位企业创新率具有显著的正向影响效应，说明在此期间资本密集型产业集聚影响程度中集聚效应占主导。而对于技术密集型产业，两个样本时期中城市制造业集聚的影响效应均不显著，说明技术密集型产业集聚效应未发挥显著影响。

其次，我国东部、中部及西部地区的制造业发展基础条件、发展阶段存在差异，可能会导致制造业集聚对企业创新的影响效应存在差异。为了检验这种区域差异性，本部分对三个区域进行样本回归估计，回归结果见表5-7模型（4）～模型（6）。

表5-7 异质性检验

分类	行业异质性			区域异质性			城市规模异质性			企业规模异质性	
	劳动密集型	资本密集型	技术密集型	东部	中部	西部	特大及以上城市	大城市	中等城市	大企业	小企业
2005~2007年	(1)	(2)	(3)	(4)	(5)	(6)	(7)	(8)	(9)	(10)	(11)
IA	-1.210* (0.646)	-1.050** (0.441)	-0.551 (0.716)	-0.049 (0.235)	-1.617*** (0.554)	-1.455* (0.754)	-0.139* (0.077)	-0.392* (0.217)	-0.248** (0.125)	-0.359 (0.723)	-0.500* (0.266)
其他控制变量	Y	Y	Y	Y	Y	Y	Y	Y	Y	Y	Y
常数项	-40.679*** (2.211)	-42.966*** (2.180)	-17.131*** (3.337)	-9.410*** (0.872)	-45.775*** (2.914)	2.126 (2.738)	16.267*** (2.133)	-56.622*** (1.786)	-19.690*** (1.646)	-32.476*** (3.404)	-43.055*** (1.229)
年份/企业固定效应	Y	Y	Y	Y	Y	Y	Y	Y	Y	Y	Y
N	149300	177537	97158	484444	89861	51071	99379	356268	136635	92406	529670
R^2	0.101	0.102	0.050	0.019	0.530	0.021	0.043	0.138	0.088	0.092	0.114
2009~2010年	(1)	(2)	(3)	(4)	(5)	(6)	(7)	(8)	(9)	(10)	(11)
IA	0.327 (0.563)	1.440*** (0.537)	0.453 (0.918)	0.422 (0.317)	0.950 (0.675)	-1.625** (0.799)	0.409 (0.376)	-1.047* (0.549)	-2.214** (1.016)	-0.419 (1.225)	-0.631** (0.303)
其他控制变量	Y	Y	Y	Y	Y	Y	Y	Y	Y	Y	Y

续表

分类	行业异质性			区域异质性			城市规模异质性			企业规模异质性	
	劳动密集型	资本密集型	技术密集型	东部	中部	西部	特大及以上城市	大城市	中等城市	大企业	小企业
常数项	15.853*** (2.943)	13.759*** (3.326)	15.318*** (5.285)	10.604*** (1.885)	8.788** (4.071)	9.903 (31.306)	137.636*** (36.745)	24.076*** (2.068)	19.336*** (4.147)	9.188* (4.704)	12.636*** (1.739)
年份/企业固定效应	Y	Y	Y	Y	Y	Y	Y	Y	Y	Y	Y
N	58477	69496	37125	200074	32611	2001	40924	134903	48367	38320	195933
R^2	0.017	0.008	0.008	0.005	0.010	0.040	0.069	0.008	0.024	0.010	0.005

注: 括号内的数值为稳健标准误, *、**、*** 分别代表 10%、5%、1% 的显著水平。

113

中国城市制造业总体集聚对在位企业创新率的影响存在区域差异。2005～2007年中部地区和西部地区城市制造业总体集聚对在位企业创新率具有显著的负向影响，2009～2010年仅有西部地区制造业总体集聚对在位企业创新率存在显著的负向影响。可能的原因是，东部地区制造业发展基础雄厚，产业环境优越，制造业集聚并未对企业创新产生不利的影响。西部地区制造业发展状况相对较差，其基础设施水平较低，制造业集聚引致的拥挤效应损害了集聚效应的发挥，因此西部地区制造业集聚不利于在位企业创新率的提高。中部地区产业发展处于快速成长期，产业环境得到显著改善，其对企业创新的负向影响效应在2009～2010年样本估计中不再显著。

再次，现有研究已经表明（傅十和、洪俊杰，2008；孙祥栋等，2016），城市规模是影响产业集聚外部性的重要因素。根据城市经济理论，规模经济是城市存在的原因。随着城市规模的扩大，城市通勤成本和住房成本也随之提高，即出现城市规模不经济。当规模经济与城市规模不经济近乎相等时，会产生一个均衡的城市规模。因此，不同的城市规模所产生的集聚经济的强度也不同。基于此，本部分将总体研究样本按照城市规模进行划分，人口规模超过500万人的为特大及以上城市，人口规模小于500万人大于100万人的为大城市，人口规模小于100万人大于50万人的为中等城市。由于低于50万人的小城市样本观测值较少，不再对此分类进行讨论。估计结果见表5－7模型（7）～模型（9）。

中国城市制造业总体集聚对在位企业创新率的影响的城市规模差异性不明显。除2009～2010年特大及以上城市回归模型中集聚变量估计系数不显著，其他模型集聚变量的影响效应均显著为负，且这种负向影响效应在中等城市规模中显著性更强。根据城市资源的有限性，中等城市规模容纳能力较小，集聚引致的拥挤效应较大导致其负效应更为显著。

最后，为了检验不同的企业规模下制造业集聚外部性是否不同，本部分将企业规模分为两大类进行实证检验。其中，就业人数超过300人的为大中型企业，就业人数低于300人的为小企业。估计结果见表5－7模型（10）～模型（11）。中国城市制造业集聚对在位企业创新率的负向影响效应在大企业样本中估计结果不显著，在小企业样本中显著。表明小企业集聚引发拥挤效应，损害了集聚效应，使得中国城市制造业集聚对企业创新的总体效应表现为负向影响。

综上所述，本章得到以下经验事实：

与资本和技术密集型产业集聚相比，中国城市制造业劳动密集型产业集聚的负向影响效应最为显著；与东部地区和中部地区相比，中国城市制造业西部地区产业集聚的负向影响效应最为显著；与大城市和特大及以上城市相比，中国城市制造业集聚在中等城市中的负向影响效应显著性最强；与大企业相比，中国城市制造业集聚的负向影响效应在小企业样本中显著。

5.4　影响机制检验

5.4.1　企业寻租机制的检验

前文的实证研究发现，中国城市制造业集聚对在位企业创新率具有负向影响效应，不利于在位企业开展创新活动。本章给出了一个可能解释是，在各种产业政策背景下，制造业企业集聚为了获得税收及土地优惠、政府补贴等多种"政策租"，需要支付一定的寻租费用，这会对企业创新产生挤出效应，从而降低了在位企业创新率。为了检验这一中介机制，本部分引入寻租成本（rscost）变量，构建中介效应模型进行分析。中介效应模型如下：

$$\text{inno}_{ijkt} = \alpha_0 + \alpha_1 \text{IA}_{ijkt} + \alpha\, \text{CV}_{ijkt} + \eta_i + \mu_t + \varepsilon_{ijkt} \qquad (5-3)$$

$$\text{rscost}_{ijkt} = \beta_0 + \beta_1 \text{IA}_{ijkt} + \beta\, \text{CV}_{ijkt} + \eta_i + \mu_t + \varepsilon_{ijkt} \qquad (5-4)$$

$$\text{inno}_{ijkt} = \gamma_0 + \gamma_1 \text{IA}_{ijkt} + \gamma_2 \text{scost}_{ijkt} + \gamma\, \text{CV}_{ijkt} + \eta_i + \mu_t + \varepsilon_{ijkt} \qquad (5-5)$$

检验中介效应最常用的方法是逐步检验回归系数（温忠麟、叶宝娟，2014），即通常所说的逐步法：首先检验式（5-3）的系数 α_1；依次检验式（5-4）中的系数 β_1；最后检验式（5-5）中的系数 γ_2。若系数 α_1 显著，β_1 和 γ_2 都显著，则中介效应显著。另外，完全中介效应还要求 γ_1 不显著。

rscost 变量表示寻租成本，参考万华林、陈信元（2010），任曙明、张静（2013），毛其淋、许家云（2015）等研究的做法，采用企业管理费用占企业总资产的比重来衡量。正如上述研究所述，尽管寻租成本只是管理费用其中的一部分，但囿于数据可获得性，目前只能采用管理费用来近似反映寻租成本的大小，估计结果见表5-8。

表5-8 中国城市制造业集聚与在位企业创新率：影响机制检验

变量	2005~2007年			2009~2010年		
	(1)	(2)	(3)	(4)	(5)	(6)
	被解释变量：inno	被解释变量：rscost	被解释变量：inno	被解释变量：inno	被解释变量：rscost	被解释变量：inno
IA_eg	-0.509 ** (0.246)	0.077 *** (0.024)	-0.506 ** (0.246)	-0.530 * (0.285)	0.508 *** (0.040)	-0.496 * (0.285)
rscost			-0.041 *** (0.006)			-0.067 *** (0.004)
其他控制变量	Y	Y	Y	Y	Y	Y
常数项	-42.126 *** (1.124)	-6.362 *** (0.696)	-41.863 *** (1.123)	11.909 *** (1.546)	0.042 (0.414)	11.911 *** (1.546)
企业固定效应	Y	Y	Y	Y	Y	Y
年份固定效应	Y	Y	Y	Y	Y	Y
N	625376	625376	625376	234686	234686	234686
R-sq	0.109	0.207	0.109	0.004	0.794	0.005

注：括号内的数值为稳健标准误，*、**、***分别代表10%、5%、1%的显著水平。

有关中国城市制造业集聚与企业创新率关系的检验在前文的实证分析中已经得出（见表5-3~表5-5），本部分直接将其结果复制。模型（2）和模型（5）是分时期（2005~2007年和2009~2010年）样本对式（5-4）进行回归估计，变量IA_eg估计系数显著为正，表明中国城市制造业集聚显著增加了企业的寻租成本。模型（3）和模型（6）为分别加入了寻租成本（rscost）变量对式（5-5）进行回归估计。寻租成本（rscost）变量的估计系数显著为负，表明企业寻租显著降低了在位企业的创新率，对企业创新具有"挤出效应"。变量IA_eg估计系数依然显著为负，与模型（1）和模型（2）相比，其负向影响效应减小了。这说明中国城市制造业集聚通过增加企业寻租花费，挤出企业创新资金，从而降低了在位企业的创新率，也即企业寻租行为确实是中国城市制造业集聚降低企业创新率的一个可能的中间机制。假说 2 得到了验证。

为了确保结果稳健性，本部分还进行了索伯（Sobel）、古德曼（Goodman）– 1、Goodman – 2 检验，得到的统计量的 P 值均小于 0.1，这说明在 10% 显著水平下中介效应显著。这进一步验证了企业寻租费用这一中介变量的存在。

5.4.2　企业"创新惰性"机制的检验

前面的实证研究得到以下结论：中国城市制造业集聚降低了在位企业创新率，不利于企业开展创新。其中的微观作用机制已在前文提出：企业寻租的行为惯性所造成的企业"创新惰性"问题。

1. 样本选择与数据说明

企业的创新选择为微观层面变量，数据来源于 2012 年世界银行公布的中国企业营商环境的调查数据。其中，包含的样本为 25 个大城市的 11 个制造业产业的 1690 家非国有企业（由于国有企业样本量仅有148 家，本章剔除了国有企业样本）。由于调查数据缺乏产业集聚的衡量指标，本章从城市和制造业细分类行业的角度来度量其集聚外部性，其数据来自中国工业经济数据库。由于微观企业数据是以 2009 ~ 2011年为一个样本时期的数据，考虑到 2008 年金融危机对企业运营的影响以及相关变量影响的滞后性，产业集聚均选取 2010 年的数据。由于样本选择具有不同的数据来源，其基本思想是以微观样本为基准，根据城市 ID 和制造业行业代码将产业集聚变量的样本数据与之相匹配。

2. 变量设定

（1）企业创新模式。微观企业的技术创新模式由 2012 年世界银行公布的调查询问中"过去三年企业是否进行产品创新""过去三年企业是否进行工艺创新"两个指标来确定，"是"则赋值为 1，否则赋值为0。由于本章重点关注微观企业技术创新模式的差异，所以剔除了未开展技术创新的样本（约 5.92%）。与此同时，将选择技术创新的企业划分为两大类：选择产品创新（1 – 1 型和 1 – 0 型）的样本赋值为 1，由

117

于1-0型样本仅包含6家企业，因此赋值为1的样本可以近似看作是产品创新和工艺创新并举的企业，代表高端创新模式；仅选择工艺创新模式（0-1型）的样本赋值为0，代表低端创新模式。由此，本章得到了衡量企业技术创新模式高低的代理变量（TI）。企业创业模式频率分布如图5-1所示。

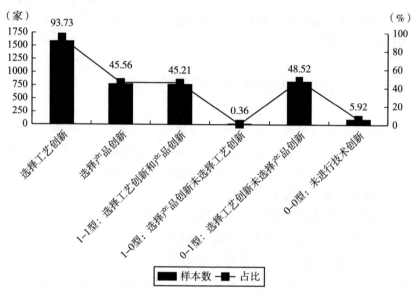

图5-1　制造业企业创新模式频率分布

资料来源：2012年世界银行公布的中国企业营商环境的调查数据，作者整理绘制。

（2）产业集聚变量。制造业总体集聚（IA_eg）变量的选取同前文一致，在此不再赘述。另外，为了更为准确地反映城市产业的集聚程度，本章充分考虑到不同城市地理面积的差异性，构造了基于就业人数和厂商数目的地理密集度指标。与 q_{ij} 的数据来源相一致，本章将在中国工业企业数据库中所选取的制造业行业企业的年平均就业人数和厂商的数目分别加总到城市×行业层面，并将其与城市的地理面积相除，得到城市 j 产业 i 的地理密集度：$IA\_pn_{ij} = \sum pn_i / area_j$；$IA\_fn_{ij} = \sum fn_i / area_j$。其中，$pn_i$、$fn_i$表示 i 产业中企业的年平均就业人数与企业的数目。

（3）其他控制变量。①企业规模（size），用年末企业的全职职工人数来衡量，由于企业规模与技术创新之间存在着非线性关系（陈林、朱卫平，2011），因此本章还控制了企业规模的二次项。②技能型工人的比例（skinum），定义为年末企业的全职技能型工人人数的占比。③研发投入强度（r&d），定义为年均研发投入与2009年企业销售额占比。④是否进行联合研发变量（union）。⑤产品是否经过国际质量认证（ISO）变量。⑥是否使用国外认证的技术变量（techimport）。变量④～⑥均按照"是"为1、"否"为0的原则进行赋值。⑦市场竞争的程度（com），若企业在市场上的竞争者数量不大于10，则变量赋值为1；若竞争对手数量为11～100赋值为2；若竞争对手数量超过100则赋值为3。⑧信息化技术变量（IT），定义为生产运营中互联网技术的使用频率，从不使用赋值1，较少使用赋值2，有时（每月）使用赋值3，有时（每周）使用赋值4，每天使用赋值5。另外，为避免城市异质性对技术创新模式的影响，本章控制了是否为主要的商业城市（busicity）变量，类似的还有地区和行业的虚拟变量。

3. 实证检验

（1）基准回归。为了检验我国城市制造业集聚与企业创新模式的关系，本章构建如下计量模型。由于被解释变量为二元选择型变量，本章分别使用Logit模型和Probit模型进行极大似然函数估计。

$$\text{Probit}(TI\_Mode = 1) = F(\beta_0 + \beta_1 IA_i + \beta_2 CV_i + \varepsilon_i) \qquad (5-6)$$

其中，核心解释变量IA表示产业集聚（包括IA_lq、IA_pn、IA_fn 3个代理变量），Probit表示TI_Mode取值为1（即企业开展高端创新）的概率。若变量IA的估计系数为正，则说明在其他影响因素不变时，产业集聚对高端创新模式具有正向影响，反之则反。CV为控制变量，ε为随机扰动项。F（·）表示残差项ε累积概率分布。

为保证估计结果的一致性和有效性，本章在实证检验前进行如下分析：第一，为消除极端值的影响，本章对除虚拟变量以外的变量均进行2.5%水平的Winsorize处理。第二，从Spearman相关性统计结果[①]看，控制变量与解释变量的相关性均较小（小于0.2）；同时，对所有模型的解释变量和控制变量均进行了方差膨胀因子（VIF）诊断，结果显示VIF均在2.67以内，平均VIF值不超过1.67，表明变量之间不存在多重共线性问题。第三，利用BP检验发现模型存在一定的异方差问题，

119

---

① 限于篇幅，变量的描述性统计与Spearman相关性分析未在文中列出，可向作者索要。

用怀特异方差稳健性估计对模型回归结果的标准误和 t 统计量进行修正，回归结果见表 5 – 9。

表 5 – 9　　　中国城市制造业集聚对企业创新选择影响的回归结果

解释变量	（1） OLS	（2） Logit	（3） Probit	（4） Logit	（5） Logit
IA_eg	– 0. 020 ** (0. 009)	– 0. 115 ** (0. 053)	– 0. 073 ** (0. 030)		
IA_pn				– 0. 637 *** (0. 213)	
IA_fn					– 0. 200 ** (0. 083)
dy/dx		– 0. 020 ** (0. 009)	– 0. 022 ** (0. 009)	– 0. 110 *** (– 0. 036)	– 0. 035 ** (0. 014)
size	0. 671 *** (0. 195)	3. 994 ** (1. 617)	2. 327 ** (0. 929)	3. 795 ** (1. 664)	3. 899 ** (1. 667)
size²	– 0. 298 *** (0. 080)	– 1. 778 ** (0. 712)	– 1. 045 *** (0. 401)	– 1. 673 ** (0. 728)	– 1. 719 ** (0. 731)
r&d	1. 568 *** (0. 208)	13. 247 *** (3. 101)	6. 509 *** (1. 302)	13. 434 *** (3. 194)	13. 213 *** (3. 142)
skinum	0. 071 (0. 044)	0. 358 (0. 242)	0. 214 (0. 143)	0. 372 (0. 244)	0. 349 (0. 244)
IT	0. 033 *** (0. 009)	0. 192 *** (0. 048)	0. 115 *** (0. 029)	0. 186 *** (0. 047)	0. 192 *** (0. 048)
com	– 0. 038 ** (0. 016)	– 0. 206 ** (0. 089)	– 0. 121 ** (0. 052)	– 0. 160 * (0. 087)	– 0. 197 ** (0. 090)
union	0. 205 *** (0. 033)	1. 239 *** (0. 248)	0. 714 *** (0. 140)	1. 251 *** (0. 248)	1. 226 *** (0. 249)
ISO	0. 068 ** (0. 028)	0. 363 ** (0. 158)	0. 213 ** (0. 091)	0. 385 ** (0. 157)	0. 396 ** (0. 157)
techimport	0. 123 *** (0. 030)	0. 657 *** (0. 161)	0. 418 *** (0. 095)	0. 666 *** (0. 163)	0. 639 *** (0. 163)

续表

解释变量	(1)	(2)	(3)	(4)	(5)
	OLS	Logit	Probit	Logit	Logit
busicity	−0. 158 *** (0. 037)	−0. 831 *** (0. 195)	−0. 501 *** (0. 116)	−0. 867 *** (0. 194)	−0. 905 *** (0. 194)
常数项	0. 214 *** (0. 082)	−1. 557 *** (0. 431)	−0. 909 *** (0. 256)	−1. 713 *** (0. 453)	−1. 748 *** (0. 455)
地区/行业 固定效应	Y	Y	Y	Y	Y
Chi^2		291. 53 ***	336. 72 ***	290. 26 ***	297. 43 ***
Log – likelihood		−765. 23	−768. 27	−751. 615	−749. 736
Correctly classified		75. 45%	74. 62%	75. 17%	75. 79%
R^2/Pseudo R^2	0. 288	0. 248	0. 245	0. 254	0. 256
N	1469	1469	1469	1454	1454

注：括号内的数值为稳健标准误，＊、＊＊、＊＊＊分别代表 10%、5%、1% 的显著水平。Correctly classified 为模型准确预测的比率，下文统同。由 Pseudo R^2 和 Correctly classified 的值比较，Logit 模型均优于 Probit 模型，因此后面的模型将直接采用 Logit 模型进行估计。

　　为检验估计结果的稳健性，本章还报告了采用普通最小二乘法估计的回归结果。结果显示，中国城市制造业集聚变量的回归系数显著为负（P<0.05）。同时，就业集中度与厂商地理集中度作为产业集聚代理变量的估计系数同样显著为负［模型（4）和模型（5）］。这表明，在其他影响因素不变时，中国制造业集聚对高端创新模式选择具有显著的负向影响。从 3 个指标的平均边际效应来看，制造业集聚水平每提高1%，企业选择高端创新模式的可能性将下降 0.02% ~ 0.11%。由于TI_Mode 取值为 1 的对照组为低端创新模式，制造业集聚变量的估计系数显著为负同样说明产业集聚显著提高了企业选择低端创新模式的概率。这一实证研究结果表明，中国城市制造业集聚程度越高，企业选择低端创新的可能性则越大，企业"创新惰性"则越强，由此在位企业创新率则越低。即企业"创新惰性"是中国城市制造业集聚降低在位企业"创新率"的一个可能中间机制。假说 3 得到了初步验证。

　　就控制变量而言，企业规模（size）与技术创新模式呈显著的倒

"U"型关系，说明企业规模越大，企业选择低端创新的概率越大而选择高端创新的概率越小。这与现有研究得出的"在大部分行业中随着企业规模的增大，工艺研发投入的力度和工艺创新的比例增大"结论相一致（Fristch and Meschede，2001）。研发投入强度（r&d）对企业高端创新模式选择的促进作用较大，这与高端创新模式的高投入、高风险的特征有关。同样显著的变量还有联合研发的创新途径（union），这与戈杜伊斯和维格勒（Goedhuys and Veugelers，2012）的研究结论——"外部获取而非内部发展是产品创新和工艺创新成功的途径"相符合。互联网技术（IT）促进了企业开展高端技术创新，这与于（Yu，2015）的研究结论相同。市场竞争程度（com）的估计系数显著为负，说明中国制造业行业的市场竞争程度越激烈，越不利于企业对高端创新模式的选择。使用国外认证技术变量（techimport）和技能型人才（skinum）均有利于提高企业的技术创新模式，但 skinum 估计系数不显著，说明技能型人力资本还不足以成为显著改变企业技术创新模式的因素。最后，变量 busicity 的估计结果表明本地市场规模、基础设施、产业结构体系等良好的外部条件并未对集聚企业选择高端创新起到促进作用，这可能与城市拥挤效应的存在有关，更反映出微观组织环境对企业创新模式发挥着直接的影响作用，佐证本章的结论。

（2）内生性问题。为了检验回归估计中可能存在的内生性问题，本书使用各地到两大港口（上海和香港）的最短距离作为产业集聚的工具变量进行 Ivprobit 估计（见表5-10）。这是因为离港口的最近距离能够反映地理因素对开放的影响，实际上也反映了地理因素对工业集聚的间接影响（金煜等，2006）。估计结果表明，离两大港口的最近距离的确显著影响了制造业的产业集聚水平。但怀特（Wald）外生性检验却拒绝了 Ivprobit 的估计结果，这说明本书所研究的（城市和产业层面）产业集聚的内生性问题并不会在统计上使模型的估计结果产生显著偏误，即可以接受以上的实证结果。

表5-10   内生性检验和样本选择问题检验

模型	(1)	(2)	(3)	(4)	(5)	(6)	(7)
估计方法	Ivprobit	Probit	Logit	Probit	Logit	Probit	Logit
IA_lq	-0.169* (0.098)	-0.022** (0.009)	-0.119** (0.052)	-0.020** (0.010)	-0.109** (0.054)	-0.036** (0.015)	-0.211** (0.083)

续表

模型	（1）	（2）	（3）	（4）	（5）	（6）	（7）
估计方法	Ivprobit	Probit	Logit	Probit	Logit	Probit	Logit
一阶段 IV	− 0. 005 *** （0. 000）						
lambda1			− 2. 615 *** （0. 834）				
lambda2					− 2. 689 *** （0. 837）		
lambda3							− 2. 618 *** （0. 844）
mills lambda			− 0. 465 *** （0. 146）		− 0. 485 *** （0. 154）		− 0. 466 *** （0. 147）
constant	− 0. 890 *** （0. 258）	0. 285 *** （0. 087）	− 1. 220 *** （0. 439）	0. 280 *** （0. 092）	− 1. 218 *** （0. 445）	0. 277 *** （0. 087）	− 1. 316 *** （0. 443）
其他控制 变量	Y	Y	Y	Y	Y	Y	Y
地区/行业 固定效应	Y	Y	Y	Y	Y	Y	Y
Wald test of exogeneity	0. 3172						
Chi^2	353. 84 ***	513. 77 ***	296. 38 ***	461. 24 ***	291. 5 ***	517. 92 ***	300. 43 ***
Pseudo R^2			0. 256		0. 254		0. 262
N	1491	1583	1491	1561	1469	1583	1491

注：括号内的数值为稳健标准误，＊、＊＊、＊＊＊分别代表 10%、5%、1% 的显著水平。Wald test of exogeneity 是对 "被工具" 的变量是否外生的检验。

（3）样本选择问题。本书采用 Heckman 两阶段模型对样本选择问题进行修正，在选择模型的设定上将企业规模、技能型工人的比例、行业与地区固定效应作为选择变量，进而对两阶段模型进行估计。表 5 - 10 显示，逆米尔斯比率（mills lambda）变量均在 1% 的显著性水平上拒绝了

"不存在样本选择问题"的原假设，因此进行 Heckman 选择模型修正是有必要的。但 Heckman 两阶段的回归结果并没有出现显著性差异，产业集聚仍然对技术创新模式具有显著的负向影响，这说明本书得出的研究结论并不会因样本选择问题而发生改变。

5.5　本章小结

本章利用 1998~2010 年中国工业企业数据库的微观数据和 2012 年世界银行公布的中国企业营商环境的调查数据，考察了中国城市制造业集聚对企业创新的静态影响效应和微观作用机制，得出以下重要结论。

第一，中国城市制造业集聚降低了在位企业创新率，表现为抑制企业创新。其影响机制分析得出：制造业集聚显著提高了企业寻租费用，对企业创新具有"挤出效应"，即企业寻租费用是中国城市制造业集聚抑制企业创新的一个可能的中间机制。

第二，异质性检验得到以下经验事实：与资本和技术密集型产业集聚相比，中国城市制造业劳动密集型产业集聚的负向影响效应最为显著；与东部地区和中部地区相比，中国城市制造业西部地区产业集聚的负向影响效应最为显著；与大城市和特大及以上城市相比，中国城市制造业集聚在中等城市规模中的负向影响效应显著性最强；与大企业相比，中国城市制造业集聚的负向影响效应在小企业样本中显著。

第三，中国城市制造业集聚显著提高了企业低端创新选择，降低了企业高端创新模式选择的概率，增强了企业"创新惰性"，降低了在位企业创新率。实证结果印证了本章的推论：即较大形式的"政府主导型集聚租"和较小形式的"市场诱发型集聚租"的组合，符合中国大多数制造业产业集聚的租金构成情况。这会引发企业技术创新模式的低端锁定，并且这种依赖作用将随着集聚程度的提高而增大，企业的"创新惰性"也随之增强。

第6章 中国城市制造业集聚对企业创新影响的动态效应检验

6.1 引 言

学术界在 20 世纪末就展开讨论并于 2004 年正式提出了"以提高外资质量为主，以发展现代制造业为主，以优化出口结构为主，致力于发展高科技产业，致力于发展高附加值服务业，促进国家级开发区向多功能综合性产业区发展"的转型方向。这无疑将激发多样化的企业进入动态，通过改变产业集聚的企业构成和调节外部性供给，最终影响集聚区内所有企业的发展。早期的开发区[①]还不能算是完全意义上的产业集聚，转型恰恰是集聚形成与完善的过程。2006 年之前的转型以开发城市功能为重点（沈宏婷、陆玉麒，2011），可以被视为产业集聚形成的起点。2010 年以后，开发区转型压力进一步加大，产业集聚开始因内在发展动力、开放程度以及所在城市经济发展和服务水平的差异而出现分化。此时，产业调整的重心放在了发展服务外包产业、金融和物流等现代服务业上，强调产业链招商和构建产业群（沈宏婷、陆玉麒，2011）。很显然，在政策引导下的企业进入动态具有了更加明确的产业指向性。然而，由于现代服务业的发展存在一定的

---

① 由于开发区集中了围绕着产业发展的一揽子制度与政策创新，是要素、资源集中配置和企业相对密集分布的场所，加之产城融合的总体趋势，可以成为城市层面上观察和分析集聚演化、动态分异的合适样本。在此，对产业集聚问题的研究以开发区为缘起展开但又不限于后者的讨论范畴。

门槛，① 使得充当企业发展环境的产业集聚的整体优势受到企业进入动态更大程度的影响。

近年来，影响产业集聚发展的因素发生了一些新的重大变化。首先，国家发布了《国家新型城镇化规划（2014～2020年）》，意味着产业集聚进入了由新型城镇化支持的发展阶段，后者既是产业集聚演化的背景条件，也是主要的推动力，这使得产业集聚与城镇化呈现目标高度叠加的特征。与此同时，开发区的定位与发展模式也在不断调整，由单一的经济空间向功能完善的城市空间转变，并逐渐演化成推动城镇化发展的"开发区模式"（殷洁、罗小龙，2015）。在这种大背景下，产业集聚的企业进入动机将由出口导向转变为出口导向与注重内需并举。其次，随着大规模产业转移的结束、政策优势的丧失以及要素成本的上升，产业集聚自身的吸引力越来越成为企业进入动态需要衡量的因素。这同时意味着，企业的进入动态将逐渐成为影响集聚外部性的主要因素。当其对产业集聚的影响日益加深时，后者就进入了"有管理的自组织阶段"。在初始条件下，能够吸引怎样的企业进入，取决于产业集聚的发展现状以及能够带来的预期收益，而由大量的企业进入动态对产业集聚演化所产生的累积性影响，则构成了"后政策租"时代企业生存与发展的环境条件。

在"后政策租"时代，市场机制将在影响企业的进入动态中发挥较大的作用，会激发"集聚租"的释放。除此以外，城市的发展水平、功能性便利条件、开放程度以及治理能力等，都是在空间维度上吸引企业进入产业集聚的影响因素，它们导致了"集聚租"的进一步分化，并通过供给异质性的外部经济，对企业发展起着不同的潜在促进作用。本书将此归结为由集聚环境的整体性差异带来的影响，并重点聚焦于研究基于企业进入动态的集聚环境演化对企业创新的贡献程度。

本章的研究旨在回答两个重要问题。问题一：当"政策租"淡化

---

① 现代服务业的发展门槛主要体现在两个方面：其一，它具有技术含量高、规模经济显著和劳动生产率提高快的特点（江小涓，2011）；其二，生产服务业的发展依托于制造业（江小涓、李辉，2004），并且略滞后于制造业，并且制造业与生产性服务业各区域耦合协调度具有明显的"梯度化"特征，呈现由西向东逐渐增强、由沿海区域向内陆区域逐步陷陷的分布状态（唐晓华，2018）。这两方面的"门槛"影响，使得产业集聚在转型过程中就在不断对企业的进入动态进行着筛选，被"门槛"阻挡在外的产业集聚就容易被低端的企业进入动态锁定在无法升级、转型困难的境地。

以后，产业集聚自身的吸引力越来越成为企业动态需要衡量的因素，那么，产业集聚的优势能否得到释放？即产业集聚对企业动态的影响效应如何？相关研究表明（王永进、张国峰，2016），由制度和政策优惠形成的"选择效应"是开发区长期生产率优势的主要来源，而"集聚效应"的持续期很短，并不能够支持开发区的长期发展。那么，当政策优惠退出并不再主导"选择效应"的形成时，企业进入动态的结构性差异及其累积产生的影响对于开发区的持续发展就显得非常关键了。因此，有必要从企业进入动态的动机出发，分析整个集聚环境经历演化以后的影响。问题二：进一步看，在企业进入动态的影响下，集聚优势是否有利于增进企业的创新绩效？作为一个整体，产业集聚是否会因为企业进入动态的存在而强化相互之间在企业创新选择上的差异，并通过循环累积的作用机制，使得产业集聚发生"劣化降级"或"优化升级"的二元分化呢？回答以上问题，不仅可为研究产业集聚对企业创新的影响提供动态的分析视角，还可解释现实中开发区整体转型困境与产业升级受阻问题，以期从产业集聚升级角度寻求解决企业"创新惰性"的发展对策，为有效地推动产业升级和企业创新提供新的思路。

下文的结构安排如下：6.2 是中国城市制造业企业进入和企业退出动态的考察；6.3 和 6.4 是实证检验，包括中国城市制造业集聚对企业动态的影响效应检验、企业进入动态影响中国城市制造业集聚的创新效应检验；6.5 为本章小结。

6.2 中国城市制造业企业进入和企业退出动态的考察

6.2.1 数据来源与数据处理

囿于研究的可持续性和可对比性，本章样本数据来自 1998～2007 年中国工业企业数据库的微观企业数据。[①] 其基本做法是，根据企业代

---

① 由于 2008～2010 年数据与 1998～2007 年期间数据的匹配变量不一致，前者局限于平衡面板数据，不再对此样本期间的企业动态进行考察。

码识别企业的动态，包括进入企业、退出企业及在位企业，但需要注意三种特殊情况。

第一种情况，在样本期间，有些企业可能因为发生重组、所有权变动而改变了原有的企业代码，这时单纯依靠企业代码来识别企业动态存在偏误，比如将在位企业识别为进入企业或退出企业的情况。基于此，本书的做法是：首先使用企业原始代码，将那些第 t 年与第 t + 1 年原始代码相同的企业匹配起来；其次，对企业代码发生更换的企业本书按照企业名称进一步匹配，将那些名称相同而企业代码发生改变的企业统一成相同的企业代码；再次，对于经过前两步后还没有匹配的企业，本书按照企业所在地的邮政编码和法人代表姓名，将两者都一致的企业进一步匹配，并统一企业代码；最后，对执行了前三个步骤以后还未匹配的企业，本书再根据企业所在地的邮政编码、电话号码、行业代码等信息进行整理，将这些信息均一致的企业匹配成相同的代码。这些做法可以规避那些样本期间中途改变企业代码而实际并没有退出的企业带来的偏误。

第二种情况，在样本期间，有些企业可能因为企业规模变动暂时性地退出，比如年度销售额低于 500 万元引起企业暂时性退出，而后又出现。本书的做法是统一将这些暂时性退出企业视为存活企业。

第三种情况，在样本期间，有些企业可能因为企业破产而暂时性退出，本书的做法是只有其上一年为非营运状态时才定义为退出企业，以此减缓假性企业退出带来的影响。

6.2.2　企业进入和企业退出的界定

企业动态包含了诸如企业的进入、退出、迁移、发展、衰亡等多种经济现象（邵宜航、李泽扬，2017），贯穿于产业集聚演化的整个过程。特别是新进企业的偏好与选择，是产业集聚环境组织生态形成、演化和发展的重要驱动力。

1. 企业进入

毛其淋、盛斌（2013）的研究认为，如果企业 i 在 t - 1 期不存在，而在第 t 期存在，则 i 为第 t 期进入的企业。李坤望、蒋为（2015）将企业进入定义为：观察企业前一年是否存在，若不存在则定义为新进入状态。邵宜航、李泽扬（2017）则认为进入企业应满足"该企业于当年成立并于当年销售额达到一定规模（销售额 500 万元以上）"的条件。马弘等（2013）的研究还将上一年新成立企业确定为当期的进入企业。

现有研究对企业进入的界定基本一致，其核心原则是观察企业是否是当年新成立企业。由此，本书给出企业进入的定义：将当年新成立（企业成立年份与统计年份相等）且规模达到 500 万元以上，并且企业运营状态为 1 的企业定义为当年的进入企业，得到企业进入的虚拟变量 dumentry1。参考马弘等（2013），邵宜航、李泽扬（2017）的做法，本书还将企业年龄放宽，将当年新成立企业还包括上年成立企业定义为扩充后的当年进入企业，得到扩充后企业进入的虚拟变量 dumentry2，该变量将用于实证研究中的稳健性检验。

2. 企业退出

关于企业退出的界定，聂辉华（2012）的研究指出，一个企业某年不在样本中，可能是因为当年销售额小于 500 万元，也可能是因为破产、重组或者更改名称等原因，还有可能是被漏报。在这种情况下，本书难以严格地界定企业的"退出"，因此研究者在用这个数据库分析企业动态学时必须力争解决或减缓这个问题。本书参考大多数研究（马光荣、李力行，2014；李坤望、蒋为，2015；张先锋等，2017），认为企业 i 在前一年存在，而在当年及之后年份均不存在，则定义企业 i 为当年的退出企业，得到与大多数研究一致的企业退出虚拟变量 dumexit2。这样定义能够避免重复界定问题以及由于企业规模变动造成统计上"中途退出企业"。陈林（2018）则指出，除了剔除"中途退出企业"，研究者在判断"退出企业"时，还需参考样本前一年的亏损额、利润总额等与倒闭息息相关的经济指标，甚至必要时进行人工处理。因此，本书参考与企业倒闭信息息息相关的指标，将当年退出企业进一步限定——企业总利润小于 0 或者企业资产规模小于负债规模，得到更严格意义上的退出企业虚拟变量 dumexit1。其中，变量 dumexit2 相当于放宽条件的退出企业虚拟变量，该变量将用于实证研究中的稳健性检验。

根据以上定义，本书计算了 1998～2007 年各期的进入企业、退出企业。如表 6-1 所示，1998～2007 年间本书共得到进入企业观测值 55603 个，扩充后进入企业观测值 174876 个，退出企业观测值 173159 个，附加条件的退出企业观测值 54130 个。其中 1998 年退出企业缺失，是因为 1998 年为初始年份用于识别企业的退出状态。

表 6-1　　　　1998~2007 年中国制造业企业动态统计分析　　单位：个

年份	dumentry1 = 1	dumentry2 = 1	dumexit2 = 1	dumexit1 = 1
1998	3679	8786	—	—
1999	2619	9416	5877	2431
2000	1746	7535	20692	7981
2001	3838	11700	24517	7578
2002	2557	11880	15042	5665
2003	4712	13718	18591	5861
2004	10657	31717	31942	7732
2005	8017	25459	14838	4735
2006	8402	27463	20188	5949
2007	9376	27202	21472	6198
合计	55603	174876	173159	54130

6.2.3　特征事实分析

1. 总体趋势分析

本书计算了中国制造业企业年均进入率和年均退出率，如图 6-1 所示。1998~2007 年中国制造业企业进入率与扩充后企业进入率波动趋势基本一致，总体上呈现出上升趋势。而 1999~2007 年中国制造业企业退出率（dumexit1 = 1）在 2000 年之后呈现出平稳下降趋势，不考虑企业财务信息指标的企业退出率（dumexit2 = 1）波动幅度较大，总体上呈下降态势。这也表明中国制造业企业动态总体上呈良好的发展势头。

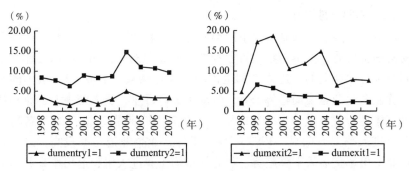

图 6 - 1　中国制造业企业进入率（左）和企业退出率（右）趋势

2. 企业规模分析

本书考察了中国制造业不同企业规模下企业动态的变动趋势，如图 6 - 2 所示。将制造业企业年均就业人数按照从少到多进行排序，并将其划分为 4 个等份（Q1～Q4），考察企业规模不同四分位数下制造业企业进入率和退出率的变动趋势。就企业进入率而言，所有年份均表现出 Q1 分位数下企业进入率最高，其次是 Q2、Q3，Q4 分位数下企业进入率最低。这表明中国制造业企业进入率随着企业规模变大而呈现显著的下降趋势。企业退出率随企业规模变动的规律并不统一，除 2004 年，其余年份均表现为 Q1 分位数下企业退出率最高，即相对而言，企业规模最小的企业退出率最高。Q4 分位数下企业退出率在大部分年份表现出最低水平。总体而言，企业规模越小，企业进入率和退出率均较高，制造业企业更替程度越明显。

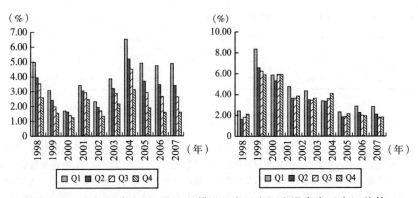

图 6 - 2　中国制造业不同企业规模进入率（左）和退出率（右）趋势

3. 不同行业分析

本书考察了中国制造业不同类型行业企业动态的变动趋势，选择劳动密集型行业、资本密集型行业和技术密集型行业三种类别，[①] 计算不同类别行业企业的年进入率和退出率，统计结果见表 6 - 2。从不同类型行业企业动态变动趋势来看，劳动密集型行业、资本密集型行业和技术密集型行业企业进入率总体呈上升态势，特别是 2004 年之后各行业企业进入率上升明显。1999 ~ 2001 年各行业企业退出率较高，之后各行业退出率呈显著下降趋势。从总体年均企业进入率和退出率来看，劳动密集型行业的年均企业进入率最高，其次是资本密集型行业，而技术密集型行业的年均企业进入率则最低。对于企业退出率而言，劳动密集型行业和资本密集型行业的企业退出率相对较高，技术密集型行业退出率最低。总体而言，进入率较高的行业，其退出率也较高。

表 6 - 2　　　1998 ~ 2007 年中国制造业不同行业企业动态统计结果　　单位：%

年份	企业进入率			企业退出率		
	劳动密集型	资本密集型	技术密集型	劳动密集型	资本密集型	技术密集型
1998	8.43	7.44	7.79	—	—	—
1999	7.34	6.95	7.12	4.52	4.26	4.27
2000	6.09	5.77	5.77	17.61	16.60	14.56
2001	9.29	8.24	7.98	16.91	17.73	15.18
2002	8.55	7.54	7.41	9.28	10.22	9.32
2003	8.84	7.83	7.40	10.48	11.16	10.38
2004	14.59	13.62	12.26	14.49	13.14	11.98
2005	10.17	10.40	8.54	5.87	6.15	6.92
2006	9.61	10.56	8.11	7.80	7.34	7.90
2007	8.73	9.02	7.86	7.37	7.01	7.79
年均值	9.16	8.74	8.02	10.48	10.40	9.81

① 纺织业、纺织服装鞋帽制造业、造纸及纸制品业、印刷业和记录媒介的复制业、塑料制品业代表劳动密集型产业；化学原料及化学制品制造业、化学纤维制造业、有色金属冶炼及压延加工业、金属制品业代表资本密集型产业；医药制造业，交通运输设备制造业，电气机械及器材制造业，通信设备、计算机及其他电子设备制造业，仪器仪表及文化、办公用品机械制造业代表技术密集型产业。

4. 所有制分析

为了考察中国制造业不同所有制类型企业动态变动规律，本书分别计算了各年份中国制造业国有和集体企业、私营企业和外资企业的进入率和退出率。其中，若企业实收资本中国家资本金的比例最高，则定义为国有企业；若企业实收资本中集体资本金的比例最高，则定义为集体企业；同样做法，得到私营企业。外资企业是指港澳台资本金和外商资本金之和比例最高的企业。

从不同所有制企业进入率百分比来看，各年份私营制进入企业占比最高，且呈现逐年增高态势，国有和集体企业进入占比逐年降低，外资企业进入占比变化不明显。从不同所有制企业退出率百分比来看，各年份国有和集体退出企业占比较高，且呈现出逐年降低态势，私营企业退出企业占比逐年增高，外资企业退出占比有增高趋势（见图6-3）。这也表明，国有和集体企业在中国制造业中占比逐渐减小，而私营企业占比逐渐增高。总体上看，外资企业进入率和退出率均低于本土企业（国有、集体和私营企业），这说明外资企业更替程度相对要小于本土企业。私营企业进入率逐年增高、退出率同样逐年增高，表明中国制造业企业中私营企业更替程度更高。

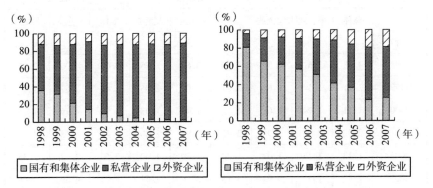

图6-3　1998~2007年中国制造业不同所有制进入企业（左）和退出企业（右）百分比

5. 不同城市规模分析

本书计算了中国城市制造业行业（四位数）层面的企业进入率和退出率，为了考察中国制造业不同城市规模下企业动态的变动趋势，本书将城市规模分为特大及以上城市（人口规模超过 500 万的城市）、大城市（人口规模超过 100 万低于 500 万的城市）和中小城市（人口规模低于 100 万的城市）三大类，计算不同城市规模下制造业行业平均企业进入率和退出率。

首先，比较不同城市规模下平均企业进入率和企业退出率的差异。如表 6-3 所示，1998～2007 年中小城市制造业的平均企业进入率略大于大城市，特大及以上城市的平均企业进入率最小。1999～2007 年特大及以上城市制造业的企业平均退出率最高，大城市的平均企业退出率略小，中小城市企业的平均退出率最小。这表明中小城市中的企业进入更活跃，特大及以上城市中的企业退出更活跃，由此也说明过大的城市规模由于市场进入门槛及市场竞争较激烈不利于企业进入，而过小的城市规模不利于企业退出。而大城市企业进入率和退出率均较高，表明大城市中的企业进入退出更为活跃，企业更替程度更高。

表 6-3　　中国城市制造业不同城市规模及企业规模下企业动态统计结果　　单位：%

分类	特大及以上城市			大城市			中小城市		
	整体	小企业	大企业	整体	小企业	大企业	整体	小企业	大企业
年份	企业进入率								
1998	3.28	3.67	2.39	3.34	3.63	2.75	3.63	4.00	2.81
1999	2.31	2.54	1.65	2.01	2.00	2.05	2.46	2.67	1.90
2000	1.71	1.74	1.64	1.32	1.42	1.08	1.90	1.96	1.73
2001	2.92	2.91	2.96	2.92	2.95	2.80	3.40	3.63	2.69
2002	1.12	1.15	1.02	1.90	1.89	1.90	2.63	2.72	2.35
2003	1.43	1.54	0.94	3.13	3.26	2.69	4.39	4.59	3.66
2004	2.34	2.37	2.22	5.68	6.03	4.10	6.68	7.07	4.97
2005	1.28	1.25	1.39	4.37	4.67	2.87	5.65	5.97	4.08
2006	0.43	0.44	0.35	3.83	4.08	2.40	4.53	4.81	2.99
2007	1.19	1.20	1.12	3.93	4.17	2.55	4.67	4.92	3.22
平均值	1.80	1.88	1.57	3.24	3.41	2.52	4.00	4.23	3.04

分类	特大及以上城市			大城市			中小城市		
	整体	小企业	大企业	整体	小企业	大企业	整体	小企业	大企业
年份	企业退出率								
1999	2.40	2.33	2.29	2.13	2.08	2.38	2.39	2.45	2.21
2000	9.41	8.91	10.52	6.38	6.53	6.12	6.26	6.45	5.64
2001	11.52	12.17	7.35	7.27	7.04	7.57	6.65	6.89	6.14
2002	5.65	5.86	4.53	5.03	5.20	4.40	4.39	4.28	4.48
2003	9.93	10.18	10.64	5.26	5.26	5.56	5.31	5.15	5.56
2004	15.03	14.47	17.38	8.55	8.79	8.33	6.90	6.91	7.24
2005	4.18	4.48	2.88	2.85	2.80	2.99	2.79	2.65	3.20
2006	6.82	7.48	4.87	2.77	2.62	3.86	2.68	2.61	3.34
2007	6.49	6.53	5.42	2.76	2.54	3.44	2.45	2.31	3.13
平均值	7.94	8.05	7.32	4.78	4.76	4.96	4.42	4.41	4.55

更进一步，本书考察了不同城市规模下不同企业规模企业进入和企业退出的差异。大城市与中小城市中小企业的平均进入率均高于大企业的平均进入率，而其平均退出率略低于大企业的平均退出率，这表明大城市与中小城市中小规模企业的进入更活跃，大规模企业的退出更活跃。小企业的平均进入率在中小城市中表现最高，表明小企业在中小城市中的进入更活跃；小企业的平均退出率在特大及以上城市中表现最高，表明小企业在特大及以上城市中的企业退出更活跃。大企业的平均进入率在中小城市中表现略高于大城市，而其退出率在特大及以上城市表现最高，表明大企业在中小城市与大城市中的企业进入相对活跃，而在特大及以上城市中企业退出最活跃。

6. 不同地区分析

本书考察中国城市制造业不同地区及企业规模下的平均企业进入率和退出率，统计结果如表6-4所示。首先，比较不同地区企业平均进入率和企业退出率的差异。就不同地区平均企业进入率而言，1998～2007年中部地区企业平均进入率最高，其次是东部地区，西部地区最低。就不同地区平均企业退出率而言，1999～2007年西部地区的平均企业退出率最高，其次是东中部地区。这表明中部地区企业进入最活跃，西部地区的企业退出最活跃，而东部地区企业进入和退出率均较高，表明东部地区的企业退出均较为活跃，企业更替程度最高。

表6-4　中国城市制造业不同地区及企业规模下企业动态统计结果　单位：%

分类	东部地区			中部地区			西部地区		
	整体	小企业	大企业	整体	小企业	大企业	整体	小企业	大企业
年份	企业进入率								
1998	3.56	3.75	3.06	3.32	3.80	2.42	3.40	3.84	2.67
1999	2.20	2.27	2.00	2.49	2.85	1.68	2.05	2.16	1.82
2000	1.45	1.48	1.33	1.78	1.88	1.52	2.10	2.34	1.54
2001	2.77	2.79	2.67	3.56	3.90	2.64	3.71	3.87	3.30
2002	1.87	1.85	1.98	2.77	2.94	2.24	2.19	2.14	2.33
2003	3.18	3.33	2.52	4.38	4.73	3.22	3.62	3.71	3.35
2004	5.21	5.49	3.70	7.66	8.11	5.83	5.12	5.67	3.22
2005	4.44	4.65	3.16	5.51	5.88	3.90	4.07	4.47	2.46
2006	4.13	4.37	2.61	4.49	4.85	2.66	2.05	2.25	1.17
2007	3.81	3.95	2.90	4.95	5.24	3.39	3.01	3.28	1.71
平均值	3.26	3.39	2.59	4.09	4.42	2.95	3.13	3.37	2.36
年份	企业退出率								
1999	1.76	1.72	1.87	2.53	2.67	2.26	3.69	3.42	3.67
2000	7.22	7.35	6.85	5.29	5.54	4.69	6.90	6.78	6.96
2001	7.62	7.84	7.40	7.12	7.76	5.78	6.01	6.03	6.15
2002	4.57	4.68	3.93	5.02	4.75	5.54	4.85	5.27	4.60
2003	4.90	4.77	5.06	6.70	6.52	7.13	6.21	6.54	5.92
2004	8.58	8.49	8.18	8.04	8.41	8.03	7.36	7.50	7.11
2005	2.71	2.64	2.87	3.00	2.87	3.15	3.48	3.66	3.32
2006	2.87	2.84	3.40	2.96	2.78	3.93	3.79	3.93	3.11
2007	2.78	2.67	3.54	2.35	2.04	3.56	4.42	4.22	5.01
平均值	4.78	4.78	4.79	4.78	4.81	4.90	5.19	5.26	5.09

　　比较不同地区小企业平均进入率差异，由表 6 - 4 可以看出，中部地区小企业平均进入率最高，其次是东部地区，西部地区小企业平均进入率最低；比较不同地区大企业平均进入率差异，中部地区大企业平均进入率最高，其次是东部地区，西部地区大企业平均进入率最低。这表明中东部地区小企业和大企业的进入均比西部地区更活跃。比较不同地区小企业平均退出率差异，由表 6 - 4 可以看出，西部地区小企业平均退出率最高，中部地区略高于东部地区。比较不同地区大企业平均退出率差异，西部地区大企业平均退出率最高，其次是中部地区，东部地区最低。这表明西部地区小企业退出和大企业退出均比东中部地区更活跃。

6.3　中国城市制造业集聚对企业动态的影响效应检验

6.3.1　研究设计

1. 模型构建

　　有关企业进入和企业退出的实证研究大都沿用米勒 - 奥尔（ORR）模型的建模思路，本书中对城市制造业集聚对企业动态影响因素的分析以 ORR 模型为基础。假设影响企业动态的因素有以下三个：（1）企业动态的激励和企业动态的成本。前者代表企业进入（退出）激励，一般用预期利润率和产业产值增长率表示；后者代表阻止企业进入（退出）的壁垒，一般由限制性利润率的各种因素的线性函数来估计，即假设由各种不同的企业进入（退出）壁垒来决定。若企业进入激励带来的收益超过企业进入壁垒带来的损失，则意味着发生企业进入，否则发生企业退出。（2）制度性壁垒和制度性激励。在我国转轨经济体制背景下，必须要考虑中国转型的制度条件对企业动态的影响。其中，国有经济比重代表制度性壁垒，政府补贴强度代表制度性激励。（3）产业集聚。在"后政策租"时代，市场机制能够激发"集聚租"的释放，在影响企业进入和企业退出动态中发挥较大的作用。基于以上假设，本书得到以下模型：

137

$$\text{Entry}_{it} = \beta(\pi_{it} - \pi_{it}^*) + \beta_1 \text{state}_{it} + \beta_2 \text{subsid}_{it} + \beta_3 \text{IA}_{it} + \beta_4 \text{IA}_{it}^2 + \varepsilon_{it}$$
$$(6-1)$$

$$\text{Exit}_{it} = \beta(\pi_{it} - \pi_{it}^*) + \beta_1 \text{state}_{it} + \beta_2 \text{subsid}_{it} + \beta_3 \text{IA}_{it} + \beta_4 \text{IA}_{it}^2 + \varepsilon_{it}$$
$$(6-2)$$

其中，Entry_{it} 表示产业 i 在 t 时期的企业进入率；Exit_{it} 表示产业 i 在 t 时期的企业退出率；π_{it} 表示影响企业动态的激励，包括企业进入和企业退出激励；π_{it}^* 表示影响企业动态的成本，包括企业进入壁垒和企业退出壁垒；state_{it} 表示国有经济比重；subsid_{it} 表示政府补贴强度；IA_{it} 表示产业集聚外部性，这里预测产业集聚与企业进入率和退出率之间存在非线性关系，故将 IA_{it} 的二次项加入模型中。

进一步，企业动态激励（π_{it}）一般用产业利润率和产业增长率表示，即：

$$\pi_{it} = \alpha_0 + \alpha_1 \text{probit}_{it} + \alpha_2 \text{growth}_{it} \qquad (6-3)$$

对于企业进入和企业退出的壁垒，借鉴已有研究，用线性函数表示如下：

$$\pi_{it}^* = \gamma_0 + \gamma_1 \text{asset}_{it} + \gamma_2 \text{tosize}_{it} + \gamma_3 \text{tax}_{it} + \gamma_4 \text{rd}_4 + \gamma_5 \text{hhi}_{it} \qquad (6-4)$$

其中，asset_{it} 代表行业资本密集度，tosize_{it} 代表行业平均资产规模，tax_{it} 表示行业税收负担，rd_4 表示行业研发强度，hhi_{it} 表示行业竞争程度。

将式（6-3）和式（6-4）分别代入式（6-1）和式（6-2）中，得到关于企业进入和企业退出的计量模型：

$$\begin{aligned}\text{Entry}_{it} = {} & \beta_0 + \beta_1 \text{state}_{it} + \beta_2 \text{subsid}_{it} + \beta_3 \text{IA}_{it} + \text{IA}_{it}^2 + \alpha_1 \text{probit}_{it} \\ & + \alpha_2 \text{growth}_{it} + \gamma_1 \text{asset}_{it} + \gamma_2 \text{tosize}_{it} + \gamma_3 \text{tax}_{it} + \gamma_4 \text{rd}_4 \\ & + \gamma_5 \text{hhi}_{it} + \eta_i + \mu_t + \varepsilon_{it} \end{aligned}$$
$$(6-5)$$

$$\begin{aligned}\text{Exit}_{it} = {} & \beta_0 + \beta_1 \text{state}_{it} + \beta_2 \text{subsid}_{it} + \beta_3 \text{IA}_{it} + \text{IA}_{it}^2 + \alpha_1 \text{probit}_{it} \\ & + \alpha_2 \text{growth}_{it} + \gamma_1 \text{asset}_{it} + \gamma_2 \text{tosize}_{it} + \gamma_3 \text{tax}_{it} + \gamma_4 \text{rd}_4 \\ & + \gamma_5 \text{hhi}_{it} + \eta_i + \mu_t + \varepsilon_{it} \end{aligned}$$
$$(6-6)$$

2. 变量说明

（1）企业进入率和企业退出率。企业进入率用进入企业数量占四位数制造业行业企业数量的比例表示，企业退出率用退出企业数量占四位数制造业行业企业数量的比例表示。企业进入和企业退出的定义详见 6.2，在此不再赘述。（2）产业集聚包含专业化集聚和相关专业化集聚类型，根据理论模型推导结论，本书预测集聚与企业进入率为非线性倒

"U"型关系，即集聚程度越高，企业进入率越高，超过最优值企业进入率开始下降。与之相对应，本书预测集聚与企业退出率为非线性"U"型关系。（3）国有经济比重用制造业企业中国有资本金的比重来表示，该变量反映政策性壁垒对企业动态的影响。国有经济比重越高的行业，国有企业软约束使得企业退出越困难，行政性垄断越高使得企业进入越困难。因此，本书预期国有经济比重对企业进入和企业退出的影响系数为负。（4）政府补贴强度用政府补贴占主营业务收入的比例来表示，该变量反映政策性激励对企业动态的影响。政府补贴强度反映了政策的产业指向性，本书预期政府补贴强度对企业进入的影响系数为正，对企业退出的影响系数为负。（5）产业利润率用产业的利润额与产业的销售额之比表示，产业增长率用主营业务收入对数来表示，两者反映企业进入激励，本书预期两者对企业进入率的影响系数为正，对企业退出率影响系数为负。（6）资本密集度用行业的固定资产总额比行业（四位数制造业）的就业人数来表示，一般来说，行业的资本密集度越高，企业进入门槛越高，企业退出市场的代价也越高。行业的平均资产规模用行业的资产总额比行业内企业数量来表示，一般来说行业平均资产规模越大，规模经济越明显，企业进入的难度也越大，企业退出的阻碍就越大。因此，本书预期资本密集度对企业进入率和企业退出率的影响系数为负，行业平均资产规模对企业进入率和退出率的影响系数也为负。（7）税收负担用应交所得税与销售额之比来表示，税收负担对企业利润具有"挤出效应"，显然，税收负担越大，企业进入率则越低，企业退出率则越高。因此，本书预期税收负担对企业进入率的影响系数为负，对企业退出率影响系数为正。（8）研发投入强度用研发投入占主营业务收入之比来表示，研发强度越高的行业其引进新技术和模仿新技术的水平较高，这对企业进入往往具有激励作用，因此，本书预期研发投入强度对企业进入率具有正向影响效应。研发投入强度对企业退出的影响具有两面性：一方面，研发投入强度越大，企业利润空间越被压缩，企业退出的概率也越大。另一方面，创新成功的行业能够迅速占领市场，获得垄断利润，减少企业退出。因此，研发强度对企业退出的影响是否为正需要经过实证检验。（9）行业竞争程度用四位数制造业行业计算的赫芬达尔指数来表示，该指数越大，行业的垄断程度越高，企业进入和企业退出越困难。因此，本书预测行业竞争程度对企业进入率具有负向影响，对企业退出率具有负向影响。

3. 数据来源与描述性统计

各数据来自 1998～2007 年中国工业企业数据库，经过处理后（极端值进行 2.5% 水平的 Winsorize 处理），变量的描述性统计如表 6 - 5 所示。

表 6 - 5 变量的描述性统计

变量	符号	平均值	标准差	最小值	最大值	样本量
企业进入率	entry	2.079	4.454	0.000	25.000	1721087
企业退出率	exit	1.858	4.052	0.000	25.000	1268289
专业化集聚	IA_lq	3.184	3.703	0.212	23.337	1639525
相关多样化集聚	IA_rv	2.897	0.445	1.693	3.634	1647469
产业增长率	growth	-0.699	1.832	5.026	2.931	1672938
产业利润率	profit	0.037	0.041	0.121	0.153	1672715
资本密集度	asset	72.547	53.686	9.672	301.741	1672721
平均资产规模	tosize	3.766	3.174	0.432	18.616	1672725
国有经济比重	state	0.084	0.180	0.000	0.956	1716678
政府补贴强度	subsid	0.002	0.003	0.000	0.022	1710988
税收负担	tax	0.006	0.006	0.000	0.028	1714437
研发投入强度	rd	0	0.001	0.000	0.010	1716230
行业垄断度	h	0.257	0.290	0.006	1.000	1716948

6.3.2 实证检验结果

1. 基准回归

本章采用双向固定效应的面板数据模型对式（6 - 5）和式（6 - 6）进行回归估计，回归结果如表 6 - 6 所示。其中模型（1）和模型（2）是对企业进入率影响因素的回归估计结果，模型（3）和模型（4）是对企业退出率影响因素的回归估计结果。本章主要关注各细分类集聚变量对企业动态的影响情况。中国制造业专业化集聚变量（IA_lq）与企业进入率之间具有显著的倒"U"型关系，与企业退出率之间则具有显著的"U"型关系。

　　模型（1）中倒"U"型曲线的临界值为13.5，模型（3）中"U"型曲线的临界值为10.6，观测值位于临界值的两边，这表明中国城市制造业专业化集聚低于临界值（13.5）时，专业化集聚水平提高有利于企业进入，当超过这一水平，专业化集聚水平提高则阻碍企业进入。同样的道理，当中国城市制造业集聚水平超过10.6时，专业化集聚水平提高则增加企业退出。这一结果可以理解为，专业化集聚对企业动态影响作用存在适度空间水平，即专业化集聚度低于适度水平时，随着专业化集聚水平提高，学习效应使得企业进入率增大，退出率减小。当集聚程度超过适度空间时，随着专业化集聚水平的提高，"自选择效应"使得企业进入率减小、退出率增大。根据解释变量的取值范围，本书发现约89.91%的观测值位于倒"U"型曲线的左边，约88.08%的观测值位于"U"型曲线的左边，因此，总体上中国城市专业化集聚水平的提高有利于提高企业进入率，降低企业退出率。

　　模型（2）和模型（4）的估计结果表明，中国城市制造业相关多样化集聚变量（IA_rv）与企业进入率之间具有显著的"U"型关系，与企业退出率之间具有显著的倒"U"型关系，由于所有观测值均位于曲线的右端，表明中国城市制造业相关多样化集聚对企业进入率具有显著的正向影响，对企业退出率具有显著的负向影响，即中国城市制造业相关多样化集聚水平的提高增加了制造业企业的进入，减少了制造业企业的退出。假说4得到了验证。

　　分析其他影响因素时，本书主要分析与预期不符的变量估计结果。产业利润率变量（profit）、行业的平均资产规模变量（tosize）对企业退出率的影响系数均显著为正，本书推测，这可能是由于产业利润率、行业平均资产规模高的行业其市场竞争程度较高，企业退出率也高。行业资本密集度变量（asset）对企业进入率的影响系数显著为正，说明制造业行业资本约束并未制约企业进入，相反，资本密集度较高的行业其进入率也越高，这可能是由于资本密集度高的行业利润较高，使得较高的资本密集度因素成为企业进入激励因素。国有经济比重变量（state）对企业进入率和退出率的影响系数均显著为负，反映了政策性壁垒对企业动态的影响。政府补贴强度变量（subsid）对企业进入率的影响系数显著为负，与预期相反，这说明中国制造业产业政策激励反而阻碍了企业进入，这是由于中国的产业政策往往具有明确的行业指向性，补贴强度越高的行业，其进入门槛越高，企业进入则越难。

表6-6　　　中国城市制造业集聚对企业动态影响的回归结果

模型	（1）	（2）	（3）	（4）
解释变量	dumentry1 = 1	dumentry1 = 1	dumexit1 = 1	dumexit1 = 1
	解释变量：IA_lq	解释变量：IA_rv	解释变量：IA_lq	解释变量：IA_rv
IA	0. 054 *** （0. 005）	1. 778 *** （0. 071）	- 0. 106 *** （0. 006）	- 0. 951 *** （0. 087）
IA * IA	- 0. 002 *** （0. 000）	1. 040 *** （0. 085）	0. 005 *** （0. 000）	- 0. 966 *** （0. 097）
profit	0. 436 ** （0. 190）	- 0. 059 （0. 192）	2. 345 *** （0. 241）	2. 552 *** （0. 242）
growth	0. 025 ** （0. 011）	0. 080 *** （0. 011）	- 0. 620 *** （0. 014）	- 0. 619 *** （0. 014）
asset	0. 003 *** （0. 000）	0. 002 *** （0. 000）	- 0. 003 *** （0. 000）	- 0. 003 *** （0. 000）
tosize	- 0. 068 *** （0. 004）	- 0. 064 *** （0. 004）	0. 175 *** （0. 005）	0. 154 *** （0. 005）
state	- 0. 440 *** （0. 048）	- 0. 381 *** （0. 048）	- 0. 421 *** （0. 066）	- 0. 415 *** （0. 065）
subsid	0. 939 （1. 954）	- 3. 896 * （2. 029）	- 8. 322 *** （2. 512）	- 6. 079 ** （2. 570）
tax	- 3. 961 *** （1. 360）	- 2. 788 ** （1. 339）	- 7. 326 *** （1. 495）	- 6. 883 *** （1. 462）
rd	- 1. 407 （3. 763）	2. 614 （3. 827）	46. 554 *** （4. 473）	37. 217 *** （4. 408）
h	- 3. 844 *** （0. 061）	- 3. 623 *** （0. 058）	- 1. 993 *** （0. 066）	- 2. 056 *** （0. 062）

续表

模型	（1）	（2）	（3）	（4）
解释变量	dumentry1 = 1	dumentry1 = 1	dumexit1 = 1	dumexit1 = 1
	解释变量：IA_lq	解释变量：IA_rv	解释变量：IA_lq	解释变量：IA_rv
常数项	4. 369 ***	− 0. 917 ***	0. 253 ***	3. 057 ***
	（0. 035）	（0. 219）	（0. 040）	（0. 271）
时间固定效应	Y	Y	Y	Y
个体固定效应	Y	Y	Y	Y
N	1245258	1243139	923310	925678
R^2	0. 043	0. 044	0. 038	0. 034

注：括号内的数值为稳健标准误，* 、** 、*** 分别代表10%、5%、1%的显著水平。

2. 稳健性检验和内生性问题

对上述实证结论的稳健性，本书使用被企业进入和企业退出的替代指标做再次检验。本书将扩充后企业进入率和不考虑企业财务破产倒闭信息的企业退出率代替原有的企业进入率和企业退出率，再一次验证制造业集聚及细分类集聚变量对企业动态的影响效应。模型（1）～模型（4）汇报了回归估计结果（见表6－7），可以看出，各集聚变量对企业动态的影响效应均与基准回归的结果相同，表明基准回归的结果是稳健的。

表6－7　　　　　　　　稳健性检验和内生性问题

模型	稳健性检验结果			
	（1）	（2）	（3）	（4）
解释变量	dumentry2 = 1	dumentry2 = 1	dumexit2 = 1	dumexit2 = 1
	解释变量：IA_lq	解释变量：IA_rv	解释变量：IA_lq	解释变量：IA_rv
IA	0. 154 ***	1. 110 ***	− 0. 610 ***	− 1. 883 ***
	（0. 018）	（0. 209）	（0. 072）	（0. 684）
IA * IA	− 0. 002 **	3. 963 ***	0. 035 ***	0. 263
	（0. 001）	（0. 282）	（0. 004）	（0. 783）
其他变量	控制	控制	控制	控制

模型	稳健性检验结果			
	（1）	（2）	（3）	（4）
解释变量	dumentry2 = 1	dumentry2 = 1	dumexit2 = 1	dumexit2 = 1
	解释变量：IA_lq	解释变量：IA_rv	解释变量：IA_lq	解释变量：IA_rv
常数项	14.774 *** （0.107）	11.252 *** （0.641）	− 14.194 *** （0.556）	− 24.407 *** （2.258）
时间固定效应	Y	Y	Y	Y
个体固定效应	Y	Y	Y	Y
N	1271031	1269616	939076	942055
R^2	0.063	0.061	0.084	0.077
模型	内生性问题			
	（5）	（6）	（7）	（8）
解释变量	dumentry1 = 1	dumentry1 = 1	dumexit1 = 1	dumexit1 = 1
	解释变量：IA_lq	解释变量：IA_rv	解释变量：IA_lq	解释变量：IA_rv
IA（滞后一期）	0.080 *** （0.006）	2.478 *** （0.078）	− 0.049 *** （0.006）	− 0.578 *** （0.084）
IA * IA（滞后一期）	− 0.002 *** （0.000）	1.129 *** （0.093）	0.002 *** （0.000）	− 0.470 *** （0.094）
其他变量 （滞后一期）	控制	控制	控制	控制
常数项	1.938 *** （0.035）	− 6.037 *** （0.241）	1.641 *** （0.038）	3.451 *** （0.261）
时间固定效应	Y	Y	Y	Y
个体固定效应	Y	Y	Y	Y
N	937534	927891	929790	920786
R^2	0.023	0.027	0.046	0.043

注：括号内的数值为稳健标准误，＊、＊＊、＊＊＊分别代表10%、5%、1%的显著水平。

对于模型的内生性问题分析，本书认为中国城市制造业集聚水平影响了微观企业动态，微观企业动态的边际改变并不能够影响中国城市制造业集聚水平。因此，理论上本书选取的变量能够规避可能产生的内生性问题。为了进一步规避模型可能产生的内生性问题带来的估计偏误，本书将所有解释变量均滞后一期，对模型重新估计。即上一期的集聚水平能够影响当期的企业进入率和退出率，当期的企业进入率和退出率无法影响上一期产业集聚水平。估计结果见表 6-7 中模型（5）~模型（8），各集聚变量与企业进入率、企业退出率的关系与基准回归结果一致。假说 4 得到了再次验证。

3. 异质性检验

以上的实证研究表明，中国城市制造业专业化集聚和相关多样化集聚水平的提高均能够显著地提高企业进入率，降低企业退出率。进一步提出问题，差异化的产业集聚对企业进入率有何差异化的影响？由于本书聚焦于产业集聚对企业创新的影响研究，本部分主要考察差异化的产业集聚对不同创新水平的企业进入率影响有何不同。[①] 本书将制造业行业新产品产值作为分组变量，以中国城市四位数制造业行业新产品产值的均值作为分界值，高于均值水平的行业定义为高端创新行业，低于均值水平的行业定义为低端创新行业，以此来考察不同产业集聚环境对不同创新水平行业的企业进入率影响效应，回归估计结果如表 6-8 所示。

表 6-8　　　　　　　　　　　异质性检验

解释变量	(1)	(2)	(3)	(4)	(5)	(6)	(7)	(8)
	1998~2003 年		2005~2007 年		1998~2003 年		2005~2007 年	
	低端创新	高端创新	低端创新	高端创新	低端创新	高端创新	低端创新	高端创新
IA_lq	0.022 ** (0.011)	0.111 *** (0.018)	0.293 *** (0.026)	0.230 *** (0.032)				
IA_lq^2	0.001 (0.001)	-0.009 *** (0.001)	-0.008 *** (0.002)	-0.012 *** (0.002)				
IA_rv					-0.533 *** (0.165)	-0.592 ** (0.259)	-1.320 *** (0.345)	-0.714 ** (0.356)

---

① 为了规避企业退出的影响，这里使用企业净进入率数据。

续表

解释变量	(1)	(2)	(3)	(4)	(5)	(6)	(7)	(8)
	1998~2003 年		2005~2007 年		1998~2003 年		2005~2007 年	
	低端创新	高端创新	低端创新	高端创新	低端创新	高端创新	低端创新	高端创新
IA_rv^2					0.392 ** (0.178)	2.166 *** (0.369)	0.623 * (0.324)	4.704 *** (0.489)
控制变量	Y	Y	Y	Y	Y	Y	Y	Y
常数项	3.702 *** (0.066)	3.996 *** (0.095)	2.967 *** (0.116)	2.623 *** (0.113)	2.319 *** (0.499)	5.717 *** (0.811)	7.628 *** (1.026)	4.466 *** (1.074)
时间固定效应	Y	Y	Y	Y	Y	Y	Y	Y
个体固定效应	Y	Y	Y	Y	Y	Y	Y	Y
N	377754	168333	306134	214049	370078	156763	320444	220810
R^2	0.029	0.063	0.016	0.007	0.029	0.070	0.014	0.009

注：括号内的数值为稳健标准误，*、**、*** 分别代表 10%、5%、1% 的显著水平。

模型（1）~模型（4）是中国城市制造业专业化集聚对不同创新水平下企业进入率的影响估计结果，模型（5）~模型（8）是中国城市制造业相关多样化集聚对不同创新水平下企业进入率的影响估计结果。由于 2004 年缺少新产品产值数据，本书对分时期样本进行回归估计。估计结果表明，除模型（1）中专业化集聚变量的二次项系数不显著，其他模型的二次项系数均显著，与前面的结论一致，即中国城市制造业专业化集聚与企业进入率之间存在显著的倒 "U" 型关系，中国城市制造业相关多样化集聚与企业进入率之间存在显著的 "U" 型关系。进一步分析临界值发现，绝大多数观测值位于倒 "U" 型曲线的左边，所有观测值均位于 "U" 型曲线的右边，即专业化集聚总体上对企业进入率具有正向影响效应，相关多样化集聚对企业进入率具有正向影响效应。进一步分析不同创新水平模型估计结果发现，对于专业化集聚环境而言，1998~2003 年专业化集聚对低端创新企业进入率的边际影响系数为 0.022，对高端创新企业进入率的边际影响系数为 0.111；2005~2007 年专业化对低端和高端创新企业进入率的影响系数分别为 0.293 和 0.230。由此可见，专业化集聚对低端创新企业进入率的正向影响效应更大，即相对来说，专业化集聚更能吸引低端创新企业的进入。从时间变化趋势看，专业化集聚对企业进入率的影响效应在2005~2007年样本估计中变得更大。同样的分析思路，本书发现，相关多样化集聚对高端创新企业进入率的正向影响效应更大，即相关多样化集聚更能吸引高端创新企业的进入，且这种影响效应在2005~2007年时期样本中表现得更大。

以上的实证研究表明，产业集聚自身的集聚优势对于吸引企业进入发挥了重要作用，且不同的产业集聚环境对差异化创新水平企业净进入率影响不同，专业化集聚更能吸引低端创新企业进入，而相关多样化集聚更能吸引高端创新企业进入。

6.4　企业进入动态影响中国城市制造业集聚创新效应的检验

6.4.1　中国城市制造业集聚对企业创新选择的分层影响：企业进入动态检验

1. 计量模型构建与变量选取

（1）计量模型。为了实证检验企业进入动态对产业集聚演化下企业创新选择分层的叠加影响，本书构建如下计量模型：

$$\log \frac{\text{Probit}(TI_{ijk}=1)}{1-\text{Probit}(TI_{ijk}=1)} = \beta_0 + \beta_1 IA_{ijk} + \beta_2 \text{Enter}_{ijk} + \beta_3 IA_{ijk} \times \text{Enter}_{ijk}$$

$$+ \beta_4 CV_{ijk} + city_k + industry_j + \varepsilon_{ijk} \quad (6-7)$$

其中，TI_{ijk}表示 k 城市中行业 j 企业 i 的创新选择，核心解释变量IA_{ijk}则表示产业集聚外部性（包括专业化 IA_lq 和相关多样化 IA_rv 两类）。enter_{ijk}变量表示城市 k 行业 j 层面的企业进入动态，并引入集聚变量与企业进入动态的交互项，对其进行了中心化处理。本部分主要关注交互项的估计系数β_3，若β_3为正，则说明企业进入动态的叠加效应为正，其作用为增强了集聚变量对企业创新选择的正向影响或减弱了集聚变量对企业创新选择的负向影响，反之则反。city 和 industry 分别代表地区固定效应和行业固定效应，用于控制地区和行业异质性特征的因素，ε 为随机扰动项。

（2）变量说明与数据来源。企业创新模式选择、专业化集聚、相关多样化集聚变量的设定同前文一致，在此不再赘述。

其他控制变量。首先，对可能影响企业创新选择的基本特征变量进行控制，包括企业的规模、企业的年龄、企业研发投入强度、企业中受教育职工比。其次，控制了可能影响企业创新选择的产品特征变量，包括产品是否经过国际质量认证与是否与山寨产品竞争两方面。最后，借鉴现有文献，本章还控制了企业运营环境方面的相关变量：互联网技术变量（王可、李连燕，2018）、税收负担变量（林志帆、刘诗源，2017）、融资约束变量（夏后学、谭清美，2017）。为避免城市异质性对技术创新模式的可能影响，本章还控制了地区和行业的虚拟变量。

数据来源与匹配和前文一致，在此不再赘述。

2. 基准回归

本部分分别使用两种线性概率二值选择模型（Logit 和 Probit）检验不同类型产业集聚对企业创新模式选择的异质性影响，为检验估计结果稳健性，本书还报告了采用最小二乘（OLS）估计的回归结果。

由估计结果可知（见表6-9），专业化集聚变量对企业高端创新模式选择影响的估计系数依然显著为负，而相关多样化集聚变量的估计系数依然显著为正，这与前面的估计结果相一致。企业进入动态（Enter）变量的估计结果在所有模型中均不显著，表明企业进入动态并未对企业创新模式的选择产生直接显著的影响。从集聚与企业进入动态交互项的估计系数来看，专业化集聚变量与企业进入动态的交互项（IA_spe * entry）估计系数显著为负，而相关多样化集聚变量与企业进入动态的交互项（IA_rv * entry）却显著为正。这一结果表明，企业进入动态一方面增强了专业化集聚环境对企业高端创新选择负向影响（即增强了专业化集聚环境对企业低端创新选择的正向影响），另一方面企业进入动态增强了相关多样化集聚对企业高端创新的正向影响。这也表明，在其他影响因素不变时，企业进入动态越强，产业集聚对企业创新模式选择的分层影响则越强。假说5得到了验证。

表 6 – 9　中国城市制造业集聚对企业创新选择的分层影响：企业进入动态作用

解释变量	(1)	(2)	(3)	(4)	(5)	(6)
	OLS	Logit	Probit	OLS	Logit	Probit
	专业化集聚			相关多样化集聚		
IA	−0. 180 *** (0. 059)	−1. 066 *** (0. 347)	−0. 629 *** (0. 205)	0. 009 * (0. 005)	0. 053 ** (0. 026)	0. 033 ** (0. 015)
Enter	−0. 163 (0. 138)	−1. 141 (0. 755)	−0. 650 (0. 443)	0. 048 (0. 075)	0. 128 (0. 402)	0. 074 (0. 243)
IA_spe * entry	−1. 144 ** (0. 556)	−7. 286 ** (3. 180)	−4. 235 ** (1. 852)			
IA_rv * entry				0. 052 * (0. 032)	0. 293 ** (0. 129)	0. 156 ** (0. 077)
size	0. 850 *** (0. 183)	5. 294 *** (1. 894)	3. 104 *** (1. 008)	0. 809 *** (0. 182)	5. 137 *** (1. 895)	3. 034 *** (1. 008)
$size^2$	−0. 355 *** (0. 076)	−2. 307 *** (0. 888)	−1. 338 *** (0. 464)	−0. 351 *** (0. 076)	−2. 318 ** (0. 915)	−1. 357 *** (0. 479)
operateyear	−0. 010 (0. 021)	−0. 027 (0. 113)	−0. 022 (0. 067)	−0. 006 (0. 021)	−0. 004 (0. 113)	−0. 008 (0. 067)
r&d	1. 441 *** (0. 217)	13. 399 *** (3. 171)	6. 727 *** (1. 342)	1. 493 *** (0. 216)	13. 327 *** (3. 028)	6. 786 *** (1. 314)
ledu	0. 001 (0. 000)	0. 005 ** (0. 003)	0. 003 * (0. 002)	0. 001 (0. 000)	0. 006 ** (0. 003)	0. 003 ** (0. 002)
ituse	0. 035 *** (0. 009)	0. 197 *** (0. 052)	0. 123 *** (0. 031)	0. 035 *** (0. 010)	0. 205 *** (0. 053)	0. 128 *** (0. 031)
ISO	0. 089 *** (0. 029)	0. 456 *** (0. 157)	0. 260 *** (0. 091)	0. 089 *** (0. 029)	0. 464 *** (0. 159)	0. 265 *** (0. 092)
finance	−0. 100 *** (0. 032)	−0. 605 *** (0. 169)	−0. 358 *** (0. 100)	−0. 096 *** (0. 032)	−0. 577 *** (0. 169)	−0. 342 *** (0. 100)
fakecom	−0. 099 *** (0. 027)	−0. 541 *** (0. 146)	−0. 329 *** (0. 085)	−0. 096 *** (0. 027)	−0. 522 *** (0. 145)	−0. 317 *** (0. 085)

续表

解释变量	(1)	(2)	(3)	(4)	(5)	(6)
	OLS	Logit	Probit	OLS	Logit	Probit
	专业化集聚			相关多样化集聚		
market	−0.100 *** (0.027)	−0.548 *** (0.144)	−0.330 *** (0.085)	−0.098 *** (0.027)	−0.529 *** (0.145)	−0.320 *** (0.085)
tax	−0.101 *** (0.029)	−0.528 *** (0.161)	−0.316 *** (0.093)	−0.104 *** (0.029)	−0.540 *** (0.160)	−0.321 *** (0.092)
constant	1.075 *** (0.148)	3.158 *** (1.152)	1.956 *** (0.645)	0.950 *** (0.151)	2.448 ** (1.169)	1.524 ** (0.652)
地区/行业 固定效应	Y	Y	Y	Y	Y	Y
χ^2		254.78 ***	304.77 ***		257.34 ***	303.23 ***
Log – likelihood		−698.51	−701.1		−700.29	−702.64
Correctly classified		0.7492	0.7394		0.7394	0.7356
R^2/Pseudo R^2	0.272	0.239	0.236	0.271	0.237	0.234
N	1469	1469	1469	1469	1469	1469

注: * 、 ** 、 *** 分别对应于 10% 、5% 、1% 的显著水平, Correctly classified 为模型准确预测的比率。

对于企业特征及产品特征的控制变量, 估计结果大都与现实相符。其中, 企业规模与技术创新之间存在非线性关系, 本书还加入了企业规模的二次项。研发投入强度 (r&d)、受教育工人比例 (ledu)、产品经过国际质量认证 (ISO) 均对企业高端创新活动具有促进作用。而与山寨产品竞争 (fakecom) 的估计系数显著为负, 这表明企业迫于诸如假冒伪劣、模仿、抄袭等企业行为的竞争压力, 选择高端创新的可能性减小, 而增强了低端创新活动的偏好。对于企业运营环境方面的控制变量, 企业的税收负担 (tax)、资金约束 (finance) 变量在所有模型中均显著为负, 这表明税收负担与融资约束均不利于企业开展高端创新的选择, 主要是因为税收及融资压力均会 "倒逼" 企业对低投入、低风险的低端创新活动作出选择。而互联网技术的应用 (ituse) 变量的估计结果显著为正, 表明互联网的使用有益于我国制造业企业开展高端创新,这一结果是对王可、李连燕（2018）研究的进一步补充。

以上关于企业进入动态影响下，不同类型产业集聚对企业创新率、创新模式选择影响效应的经验研究表明，企业进入动态是加剧企业之间创新绩效乃至经济增长差异性扩大的一个重要原因。其中，引发了产业集聚环境朝不同方向演化的趋势需重点关注。专业化集聚因企业普遍缺乏相对高端产品创新的动机与能力，使得产业集聚自身面临功能"锁定"而朝着"劣化降级"的方向演化，由此导致的"创新惰性"是引发企业创新率下降的重要原因。而相关多样化集聚则因为企业进入动态的异质性创新需求，激活了企业的创新活性，提高了企业创新率，在持续发展过程中不断完善组织机能，实现了产业集聚的整体升级。

3. 敏感性检验

（1）内生性问题说明与检验。根据菲斯曼和斯文松（Fisman and Svensson，2007）的研究，一个地区或行业的特征变量并不受单个企业行为的影响，但一个地区或行业的平均水平直接影响着单个企业的行为。本书认为，微观企业的创新选择受所在城市的产业集聚的直接影响，而一个城市层面的产业集聚并不受微观企业创新选择的影响。因此，本书选取的核心解释变量与被解释变量之间可能规避了内生性问题。为验证这一推论的准确性，本书选取了各地到两大港口（上海和香港）的最短距离（IV_dis）和城市的道路密度（IV_den）分别作为两种产业集聚的工具变量进行 Ivprobit 估计（见表 6 - 10）。[1] 这主要是因为城市离两大港口的最短距离和城市公路密度均能够反映地理区位对制造业产业空间集聚的影响，但两者与微观企业创新选择并无直接关联。Wald 外生性检验却拒绝了 Ivprobit 的估计结果，这一结果验证了以上推论，即表明可以接受以上实证检验的结果。

（2）样本自选择问题检验。采用 Heckman 两阶段模型方法对样本自选择问题进行修正，专业化集聚对企业创新选择的估计结果依然显著为负，相关多样化对企业创新选择的估计结果依然显著为正，而企业进入动态与各产业集聚变量交互项的显著性水平和作用方向与前文保持一致。

---

[1]　IV_dis 和 IV_den 变量均按照城市 ID 与世界银行的微观企业数据进行匹配，城市道路密度 = 年末实有城市的道路面积/行政区域土地面积，数据均来源于《中国城市统计年鉴》。

表 6-10　　　　　　　　　　内生性问题和样本自选择问题检验

模型	(1)	(2)	(3)	(4)	(5)	(6)	(7)	(8)
估计方法	Ivprobit	Ivprobit	Ivprobit	Ivprobit	Probit	Logit	Probit	Logit
IA_spe	-0.108 (0.101)		-0.212 (0.228)		-0.187 * (0.098)	-1.188 *** (0.366)		
IA_rv		0.034 (0.032)		0.046 (0.051)			0.025 * (0.013)	0.057 ** (0.026)
一阶段 IV_dis	-0.005 *** (0.0004)	-0.016 *** (0.0008)						
一阶段 IV_den			0.008 *** (0.002)	0.036 *** (0.003)				
entry					-0.225 (0.212)	-1.303 * (0.766)	0.024 (0.132)	0.099 (0.413)
IA * entry					2.514 * (1.281)	-8.024 ** (3.286)	0.025 * (0.012)	0.319 ** (0.128)
Mills lambda					-0.738 *** (0.164)		-0.746 *** (0.166)	
lambda1/ lambda2						-3.407 *** (0.683)		-3.388 *** (0.691)
constant	-0.998 *** (0.283)	-1.356 *** (0.391)	-0.928 *** (0.315)	-1.458 *** (0.512)	0.295 *** (0.087)	-1.223 *** (0.439)	0.287 *** (0.092)	-1.223 *** (0.445)
其他 控制变量	Y	Y	Y	Y	Y	Y	Y	Y
地区/行业 固定效应	Y	Y	Y	Y	Y	Y	Y	Y
Wald 检验	0.6785	0.8635	0.5213	0.8836				
Chi^2	333.84 ***	307.56 ***	313.34 ***	326.19 ***				
Pseudo R^2						0.257		0.255
N	1454	1454	1454	1454	1583	1491	1583	1491

注：Wald 检验是对"被工具"的变量是否外生的检验；Heckman 一阶段模型中 Mills lambda 变量均在 1% 的显著性水平上拒绝了"不存在样本自选择问题"的原假设，lambda1 与 lambda2 表示在 Heckman 二阶段模型中引入 Mills lambda 变量加以修正。

152

　　（3）稳健性检验。为检验估计结果的稳健性，本书采用以下三种方法：第一，选择城市×制造业行业层面的区位熵作为衡量产业专业化的指标，选择标准化的赫芬达尔指数的倒数作为产业多样化的指标，[①]估计结果见表 6 - 11 中模型（1）和模型（2）；第二，选择 2009 年中国工业企业数据库样本数据计算各产业集聚环境变量及企业进入率进行实证检验，估计结果见模型（3）和模型（4）；第三，将企业入选标准分别设定为"当年新成立且销售额达到 800 万元、1000 万元以上"，以检验因规模设定（500 万元）而导致企业入选差异并不会对本书的结果产生影响，估计结果见模型（5）~ 模型（8）。实证结果表明，核心解释变量与交互项的显著性水平和作用方向与前文保持一致。这表明，本章的实证估计结果是稳健的。

表 6 - 11　　　　　　　　　　　　稳健性检验

解释变量	(1)	(2)	(3)	(4)	(5)	(6)	(7)	(8)
	改变指标		采用 2009 年样本		800 万元 入选标准		1000 万元 入选标准	
IA_spe	- 2.614 ** (0.874)		- 0.481 ** (0.213)		- 0.285 ** (0.129)		- 0.092 ** (0.040)	
IA_rv		2.152 *** (0.638)		0.065 ** (0.026)		0.040 ** (0.016)		0.011 ** (0.005)
entry	- 1.134 (0.759)	0.417 (0.546)	- 4.513 (2.867)	4.209 ** (1.980)	- 2.609 (1.691)	0.077 (0.405)	- 0.092 (2.075)	0.022 (0.119)
IA_spe * entry	- 18.867 * (8.256)		- 0.833 ** (0.350)		- 0.148 ** (0.064)		- 0.404 ** (0.203)	
IA_rv * entry		5.129 ** (2.009)		0.627 ** (0.312)		0.124 * (0.070)		0.147 ** (0.064)

[①]　区位熵指数的计算公式为 $SPE_{ij} = \dfrac{q_{ij}/q_j}{q_{in}/q_n}$；多样化指数的计算公式为 $DIV_{ij} = \dfrac{1/\sum\limits_{k \neq i}\left[\dfrac{q_{kj}}{q_j - q_{ij}}\right]^2}{1/\sum\limits_{k \neq i}\left[\dfrac{q_{kn}}{q_n - q_{in}}\right]^2}$。

解释变量	(1)	(2)	(3)	(4)	(5)	(6)	(7)	(8)
	改变指标		采用 2009 年样本		800 万元 入选标准		1000 万元 入选标准	
constant	− 0.998 ** (0.283)	− 1.356 ** (0.391)	− 0.928 ** (0.315)	− 1.458 ** (0.512)	0.614 *** (0.211)	1.033 *** (0.353)	− 0.340 ** (0.126)	1.062 ** (0.352)
控制变量	Y	Y	Y	Y	Y	Y	Y	Y
地区/行业 固定效应	Y	Y	Y	Y	Y	Y	Y	Y
Pseudo R^2	0.239	0.240	0.238	0.239	0.239	0.236	0.238	0.235
N	1469	1469	1469	1469	1469	1469	1469	1469

注: *、**、*** 分别对应于10%、5%、1%的显著水平。

4. 进一步检验

以上理论分析和实证结果表明,产业集聚对企业创新选择分层具有显著的影响,而企业进入动态对产业集聚演化下的企业创新选择表现出显著的叠加效应,导致企业创新选择伴随产业集聚演化进一步分层。这里引发的思考是:对应于专业化集聚,较高的企业净进入率强化了集聚区内的竞争效应和拥挤效应,企业会更偏好于低端的创新模式。这种状态的持续,会导致整个集聚区的转型升级受阻,造成产业集聚锁定在低端创新层次的"劣化降级",导致企业的"创新惰性";对应于相关多样化集聚,较高的企业净进入率增强了产业间技术关联或中间投入品共享所带来的溢出效应,极大地提高了集聚区内企业创新的活跃程度,凭借产品创新的竞争优势和较为优越的知识基础,整个产业集聚也将具备良性循环的升级潜力。

可见,当产业集聚对企业创新选择的分层影响受到企业进入动态的叠加效应影响时,会引起产业集聚之间企业创新绩效差异的扩大,并进而可能拉大地区间经济增长的差距。本章认为,针对产业集聚环境之间企业创新选择的差异性,地方政府可以采取有所区别的政策供给,积极引导企业进入,提升企业的创新意愿。

对于专业化尤其是高度专业化的产业集聚来说,强化市场监管职能,并辅以有效的政府管制非常重要。研究表明,"市场失灵要素"会造成地区不合理的企业进入，致使产业资源配置的扭曲（李跃，2017）。因此，积极的市场监管，一方面能够加大对企业假冒伪劣产品的惩罚力度，保护企业开展高端创新活动；另一方面还能调节企业进入动态，减弱产业集聚环境下企业低端创新的偏好程度，缓解环境升级受阻下的企业"创新惰性"问题。而有效力的"审批及许可证管制"则可以合理地设定企业进入市场的准入门槛，直接影响企业进入的时间成本，从而弱化企业进入动态对产业集聚环境下企业创新选择的叠加影响。而对于相关多样化的产业集聚环境而言，加强城市生产性服务业的功能供给则是一个重要的支持性因素。相关研究表明（刘奕等，2017），生产性服务业特别是支持性服务业集聚与制造业升级之间具有高度关联、融合促进的内在联系。诸如金融服务、法律服务及知识产权交易服务[①]等生产性服务业功能均能够促进制造业升级，有益于企业高端创新活动的开展。与此同时，城市生产性服务业功能的完善也能够增强相关多样化集聚对企业高端创新的正向影响。

为检验以上观点，本章在前面实证研究的基础上，加入了能够衡量市场管制、城市生产性服务业功能的相关变量，旨在检验对于以创新为目的的企业进入动态，创造制度上的便利条件对产业集聚环境下企业高端创新选择的正向激励作用。其中，利用调查问卷中"与山寨产品的竞争多大程度上对企业运营形成障碍"打分值衡量产品市场的管制强度，参考许和连、成丽红（2016）的做法，分别用1、0.8、0.5、0.2、0来替换（0到4表示无阻碍到严重阻碍），其值越大，表示政府对产品市场的管制保护程度越大；同样的做法，利用调查问卷中"政府部门在多大程度上对企业的业务审批及许可证的申请形成障碍"打分值衡量审批及许可证管制效率、"融资渠道在多大程度上对企业运营形成障碍"打分值衡量城市金融服务功能强度、"法律体系在多大程度上对企业运营形成障碍"打分值衡量城市法律服务功能强度。

估计结果如表6-12所示，本章分别加入了表示外部变量（External）的市场管制、审批及许可证管制、金融服务与法律服务变量，后两者的估计系数显著为正，表明城市金融服务与法律服务功能的增强均能够提高企业高端创新的选择偏好。进一步地，本章加入产业集聚与外

---

①　由于缺乏有关知识产权交易服务的相关数据，在此不做实证研究。

部变量的交互项（IA * External），模型（1）的估计结果表明，产品市场管制能够减弱专业化集聚对低端创新选择的正向影响，这可能是因为诸如假冒伪劣、模仿、抄袭等产品进入市场得到了惩罚和管制，极大地保护了企业开展高端创新的收益。模型（3）和模型（4）则表明，城市中金融服务和法律服务功能均能够增强相关多样化对企业高端创新选择的正向影响，这也体现了生产性服务业特别是支持性服务业对于制造业升级的积极影响。最后，本章在模型中加入了产业集聚环境、企业进入动态与外部环境变量的交互项（IA * entry * External），只有模型（4）中交互项估计系数显著，表明一个城市中法律体系越健全、企业进入越活跃，该城市的创新活力也越强。需要说明的是，模型（2）中有关审批及许可证管制变量的估计结果不显著，表明当前地方政府有关部门对企业的审批及许可证管制工作在微观企业创新活力方面的作用还未见成效，深化和实施"简政放权、放管结合、优化服务"仍然是一个需要努力的方向。

表 6 – 12　　　　　　　　　进一步检验

解释变量	(1)	(2)	(3)	(4)
	专业化 IA_spe		相关多样化 IA_rv	
	产品市场管制	审批及许可证管制	生产性服务业：金融服务	生产性服务业：法律服务
IA	-1.017^{***} (0.370)	-1.126^{***} (0.358)	0.067^{**} (0.027)	0.082^{***} (0.028)
Enter	-1.083 (0.764)	-1.262^{*} (0.753)	0.180 (0.409)	0.086 (0.400)
IA * Enter	-7.957^{**} (3.383)	-7.924^{**} (3.233)	0.298^{*} (0.171)	0.444^{**} (0.184)
External	0.102 (0.426)	-0.696 (0.540)	1.167^{*} (0.627)	0.881^{**} (0.366)
IA * External	2.740^{**} (1.249)	-0.227 (1.669)	0.488^{**} (0.231)	0.288^{***} (0.096)

表6－14　中国城市制造业集聚对在位企业创新率影响
效应检验：企业进入动态作用

模型	（1）	（2）	（3）	（4）
样本时期	1998～2003 年	2005～2007 年	1998～2003 年	2005～2007 年
门槛估计值	0.025 **	0.059 ***	0.075 *	0.083 ***
IA_lq（entry≤λ）	0.156 *** （0.038）	0.908 *** （0.091）		
IA_lq（entry＞λ）	0.121 *** （0.038）	0.575 *** （0.092）		
IA_rv（entry≤δ）			− 3.416 *** （0.694）	− 3.318 *** （0.694）
IA_rv（entry＞δ）			− 1.454 ** （0.586）	− 1.358 ** （0.586）
IA_lq^2	− 0.003 ** （0.001）	− 0.014 *** （0.003）		
IA_rv^2			3.137 *** （0.596）	8.386 *** （1.554）
rd	0.847 （0.637）	2.781 *** （0.359）	0.923 （0.638）	2.826 *** （0.360）
size	0.063 （0.107）	− 1.396 *** （0.186）	0.151 （0.109）	− 0.986 *** （0.191）
sizesq	− 0.234 *** （0.027）	0.022 （0.053）	− 0.230 *** （0.027）	− 0.019 （0.053）
fixed	− 0.007 （0.011）	0.050 *** （0.016）	− 0.008 （0.011）	0.053 *** （0.016）
finance	0.017 （0.016）	0.026 （0.024）	0.016 （0.016）	0.004 （0.024）
profit	0.017 （0.042）	− 0.763 *** （0.058）	0.020 （0.042）	− 0.743 *** （0.058）
h	7.967 *** （0.749）	− 0.138 （1.750）	7.878 *** （0.751）	0.430 （1.762）

159

模型	（1）	（2）	（3）	（4）
样本时期	1998～2003 年	2005～2007 年	1998～2003 年	2005～2007 年
h^2	-2.567 *** (0.967)	0.035 (2.291)	-2.658 *** (0.967)	-0.663 (2.294)
market	4.463 * (2.351)	-43.543 *** (6.057)	7.260 *** (2.106)	-38.299 *** (5.618)
dumexport	1.630 *** (0.190)	20.341 *** (0.331)	1.628 *** (0.190)	20.413 *** (0.331)
state	0.543 ** (0.265)	0.484 (0.580)	0.572 ** (0.265)	0.420 (0.581)
private	-0.260 * (0.154)	-0.371 (0.321)	-0.195 (0.155)	-0.435 (0.321)
foreign	0.024 (0.284)	-0.416 (0.535)	0.058 (0.284)	-0.434 (0.536)
个体固定效应	Y	Y	Y	Y
常数项	5.542 *** (0.675)	10.898 *** (1.331)	-5.199 ** (2.318)	13.708 ** (5.663)
N	100650	50325	100650	50325
R^2	0.005	0.126	0.006	0.123

注：*** 、** 和 * 分别表示在1%、5% 和10% 的显著性水平上显著，P 值采用 bootstrap 反复抽样 300 次得到。

对于模型（1），当企业净进入率低于门槛值（0.025）时，专业化集聚变量对企业创新率的边际影响效应可以表示为 0.156 - 0.006 IA_lq；当企业净进入率高于门槛值（0.025）时，专业化集聚变量对企业创新率的边际影响效应可以表示为 0.121 - 0.006 IA_lq。对于模型（2），当企业净进入率低于门槛值（0.059）时，专业化集聚变量对企业创新率的边际影响效应可以表示为 0.908 - 0.028 IA_lq；当企业净进入率高于门槛值（0.059）时，专业化集聚变量对企业创新率的边际影响效应可以表示为 0.575 - 0.028 IA_lq。以上估计结果说明，随着企业净进入率的提高，专业化集聚对在位企业创新率的正向边际影响效应逐渐减小了。

对于模型（3），当企业净进入率低于门槛值（0.075）时，相关多样化集聚变量对企业创新率的边际影响效应可以表示为 6.274 IA_rv – 3.416；当企业净进入率高于门槛值（0.075）时，相关多样化集聚变量对企业创新率的边际影响效应可以表示为 6.274 IA_rv – 1.454。对于模型（4），当企业净进入率低于门槛值（0.083）时，相关多样化集聚变量对企业创新率的边际影响效应可以表示为 16.772 IA_rv – 3.318；当企业净进入率高于门槛值（0.083）时，相关多样化集聚变量对企业创新率的边际影响效应可以表示为 16.772 IA_rv – 1.358。以上估计结果表明，随着企业净进入率的提高，相关多样化集聚对在位企业创新率的正向边际影响效应逐渐增大了。

以上的实证结果表明，企业净进入率越高，专业化集聚对企业创新率的正向影响效应越弱、相关多样化集聚对在位企业创新率的正向效应越强。这表明企业进入动态越强，中国城市制造业集聚对在位企业创新率的差异性影响则越大。假说6得到了验证。同时，这也是企业之间创新绩效进一步增大的一个原因。

161

6.5 本 章 小 结

本章利用 1998～2010 年中国工业企业数据库微观数据和 2012 年世界银行公布的中国企业营商环境的调查数据，考察了中国城市制造业集聚对企业创新的动态影响效应和微观作用机制，得出以下重要结论。

第一，从总体趋势、分企业规模、分行业、分所有制、分城市规模及分地区等角度对中国城市制造业企业动态进行了考察，得到以下经验事实：中国制造业企业进入率总体上呈现出上升趋势，而退出率呈现下降态势。中国制造业企业进入率和退出率随企业规模增大而减小，小企业更替程度高于大企业。劳动密集型制造业行业的企业进入率和退出率最高，其次是资本密集型行业，技术密集型行业的进入率和退出率均最低。即进入率高的行业其退出率也较高，进入率低的行业其退出率也较低。相比较于集体、国有和外资企业，中国制造业中私营企业更替程度最高。中小城市的企业进入较为活跃，特大及以上城市的企业退出较为活跃，而大城市的企业进入和退出均较为活跃，企业的更替程度最高。

小企业在中小城市中的进入率最高，大企业在特大及以上城市中的退出率最高。中东部地区小企业和大企业的进入均比西部地区更活跃，西部地区企业退出更活跃。

第二，中国城市制造业专业化集聚和相关多样化集聚水平的提高均能够显著地提高企业进入率，降低企业退出率。两者对于差异化创新水平企业进入率影响不同，专业化集聚更能吸引低端创新企业进入，而相关多样化集聚更能吸引高端创新企业进入。

第三，产业集聚对企业创新选择的分层影响因企业进入动态的存在而显著增强。这一过程中，不同类型产业集聚沿"升级"或"降级"方向的演化。高度专业化的地区极有可能陷入"选择性锁定"和"降级"的状态，导致受市场选择影响的、由产业集聚"降级"造成的企业"创新惰性"。而相关多样化的产业集聚，可能因为企业进入动态持续而实现产业集聚的优化升级和更高创新活力的激活。对企业创新选择分层现象的进一步讨论表明，产品市场的管制能够减弱专业化对企业低端创新选择的正向影响，而生产性服务业功能供给（诸如金融服务和法律服务）则能够增强相关多样化对企业高端创新选择的正向影响。这说明，在以创新为目的的企业进入环节，增强差异化的制度供给是积极有效的。

第四，在企业进入动态影响下，中国城市制造业集聚对在位企业创新率的影响效应有所不同，专业化的创新效应随着企业净进入率的提高而减弱，相关多样化集聚效应随着企业净进入率的提高而增强。

第 7 章　结论与政策建议

7.1　研 究 结 论

创新是新时代中国发展的主旋律，制造业作为全球经济竞争的制高点，是创新的主要载体。党的十九大报告提出，我国经济已由高速增长阶段转向高质量发展阶段，而高质量发展阶段的关键在于提高全要素生产率。因此，新时代的发展背景为制造业的创新带来了新的机遇和挑战。得益于过去 30 多年中国产业政策的推行和实施，中国城市制造业集聚得到了快速的成长和发展。对这一问题的关注引发了有待深入讨论的议题：中国城市制造业集聚的快速成长多依赖于政府的主导，也不乏基于市场机制形成的产业集聚，但普遍存在着知识创新或自主创新能力不足的问题。如何看待二者之间的关系，并对其进行有效和合理的解释，是本书研究的出发点。对应于现实经济，本书的研究旨在回答三个问题。问题 1：中国城市制造业集聚作为企业寻求利润来源的有利空间组织，其对企业创新的影响效应是否因为普遍存在的"政策租"而发生改变？问题 2：当"政策租"淡化以后，产业集聚自身的吸引力越来越成为企业动态需要衡量的因素，那么，产业集聚的优势能否得到释放？即产业集聚对企业动态的影响效应如何？问题 3：中国城市制造业集聚是否会因为企业进入动态的存在而强化相互之间在企业创新选择上的差异，并通过循环累积的作用机制，发生"劣化降级"或"优化升级"的二元分化呢？

围绕着以上问题，本书梳理了产业集聚对创新影响的国内外及相关文献，发现现有研究存在以下不足：第一，大多以产业集聚环境静态不变为分析前提，没有考虑到企业动态因素在开放条件下对产业集聚演化的重塑作用。第二，以经验研究为主，较少关注产业集聚对企业创新的微观作用机制以及企业创新模式锁定下的"创新惰性"问题。第三，以传统的二分法为主，在"专业化"和"相关多样化"新型二分法研究范式下考察不同类型产业集聚对企业创新差异性影响的研究十分稀缺。

基于此，本书尝试从静态到动态的扩展角度对以上问题展开分析，前者适合分析政府干预背景下产业集聚的初始形成阶段，后者对应"后政策租"时代背景下产业集聚的成熟发展阶段。本书的研究遵循提出问题、分析问题和解决问题的研究思路。本书以研究问题为导向，通过构建理论模型，推导关键变量之间的理论关系，得到基本判定。在此基础上，本书从企业创新模式选择这一更微观的角度进行机制分析，并依托中国城市制造业集聚形成的现实背景对本书的研究问题作出最终判断，并提出研究假说。最后，本书对研究假说进行实证检验。下面对相关研究内容进行归纳和总结。

在理论关系分析中，本书借鉴阿吉翁等（2016）的建模思路，通过将产业集聚变量引入熊彼特式的创新增长模型，构建了有关产业集聚与在位企业创新率、产业集聚与企业进入率之间关系的"动态创新增长模型"，并利用动态最优化和数值模拟分析，对关键变量之间的理论关系作出基本判定：第一，产业集聚与在位企业创新率之间存在倒"U"型关系；第二，产业集聚与企业进入率之间存在倒"U"型关系，产业集聚与企业退出率之间存在"U"型关系；第三，当产业集聚低于最优水平时，企业进入率减弱了产业集聚对在位企业创新率的正向影响作用。当产业集聚高于最优水平时，企业进入率减弱了产业集聚对在位企业创新率的负向影响作用。

在静态影响机制分析中，本书将中国城市制造业集聚的形成机制分为政府主导型和市场诱致型两类，认为较大的以政策优惠为形式的"政策主导型集聚租"和较小的以外部经济形式存在的"市场诱发型集聚租"的组合符合大多数中国城市制造业集聚的租金构成情况，更容易使得企业的创新模式选择陷入依赖于企业寻租的低成本竞争的发展路径上，并且这种依赖作用将随着集聚程度的提高而增大，企业的"创新惰性"也随之增强。在此，本书提出了政府干预背景下由于企业寻租的行为惯性所造成的"创新惰性"和研究假说。

在动态影响机制分析中，本书在"专业化"与"相关多样化"的新型二元产业集聚类型划分下展开分析，认为不同类型产业集聚因其外部性差异引起企业创新选择的分层，受创新动机支配的企业进入动态将遵循分层的偏好对产业集聚产生累积性影响，导致产业集聚朝"劣化降级"或"优化升级"的方向渐进演化，引发产业集聚环境的功能衰退与降级下的企业"创新惰性"或产业集聚环境整体升级下的创新活性。这里本书提出了另外一种主要受市场选择影响的、由产业集聚功能"降级"造成的企业"创新惰性"和研究假说。

在实证研究中，本书在准确测度中国城市制造业集聚水平与企业创新及特征事实分析的基础上，采用 1998 ~ 2010 年中国工业企业数据库和 2012 年世界银行对中国企业营商环境的调查数据，对相关研究假说进行实证检验。

本书首先利用 EG 指数对 1998 ~ 2010 年中国 288 个城市 435 个四位数制造业行业的总体集聚程度进行了测度，利用区位熵指数对其专业化集聚程度进行了测度并利用投入产出关系、MDS 算法、K - mediods 聚类算法及相关多样化指数对其相关多样化集聚程度进行了测度。研究发现，中国城市制造业专业化集聚总体平均程度略有下降，以四位数制造业为例对中国城市制造业专业化集聚空间分布特征进行分析，中国城市制造业专业化集聚水平较高的地级市大都分布在中国的中西部地区，而中国城市制造业专业化集聚水平相对较低的地级市大都分布在中国的东部地区。其次，利用投入产出关系、MDS 算法及 K - mediods 聚类算法度量中国城市 81 个制造业门类制造业行业（涉及 30 个两位数行业、151 个三位数行业、398 个四位数行业）的相关性，并分别计算得到1998 ~ 2010 年 288 个地级市的多样化总指数（DIV）、相关多样化指数（RV）与无关多样化指数（UV）。研究发现，中国城市制造业的多样化总体的平均水平略有提高，但变化并不明显。相关多样化的平均水平有逐年增加态势，无关多样化的平均水平变化幅度不明显。中国城市制造业多样化集聚的分布存在明显的沿海内陆差异，多样化水平较高的城市主要分布在东部沿海地区。最后，利用微观企业新产品产值对 1998 ~ 2010 年中国 288 个城市两位数、三位数及四位数制造业行业企业创新平均水平和企业创新强度进行测度和分析。研究发现，中国城市制造业企业创新产值的总体平均程度呈增加态势，但中国城市制造业企业创新强度指数的总体平均程度在波动中呈下降态势，中国城市四位数制造业企业创新强度表现出较为显著的地区差异。

紧接着，本书实证考察了中国城市制造业集聚对企业创新的静态影响效应和微观作用机制。结果表明，中国城市制造业集聚对在位企业创新率具有显著的负向影响效应，表现为抑制了企业创新。其影响机制检验得出，中国城市制造业集聚显著提高了企业的寻租费用，而企业寻租成本对企业创新具有显著的"挤出效应"，这表明企业寻租成本是中国城市制造业集聚降低在位企业创新率的一个可能传导机制。进一步检验发现，中国城市制造业集聚程度越高，企业选择低端创新模式的概率越强，企业"创新惰性"随之增强。这也是中国城市制造业集聚降低在位企业创新率的一个可能原因。

在动态效应实证检验部分，本书首先从总体趋势、分地区、分行业、分所有制、分城市规模及分企业规模等角度对中国城市制造业企业进入和企业退出动态进行了考察，得到以下经验事实：制造业企业进入率和退出率呈现出相反的发展态势，前者上升，后者下降；两者都会随着企业规模的增大而减小，说明大企业进入门槛高且"在位黏性"更大，而小企业动态则更加活跃；从行业性质来看，劳动密集型制造业企业的进入率和退出率最高，其次是资本密集型行业，技术密集型行业的进入率和退出率则最低，即进入率高的行业其退出率也较高，进入率低的行业其退出率也较低；从企业所有制性质来看，相比较于集体、国有和外资企业，中国制造业中私营制企业更替程度最高。

然后，本书实证考察了中国城市制造业集聚对企业动态的影响效应。研究发现，专业化集聚和相关多样化集聚均对企业进入率具有显著的正向影响效应，对企业退出率具有显著的负向影响效应。本书进一步考察了企业进入动态影响下中国城市制造业集聚对企业的创新影响效应。研究发现，企业净进入率的提高分别对专业化集聚促进低端创新模式的选择、相关多样化集聚环境促进高端创新模式的选择具有正向影响作用，这表明中国城市制造业集聚对企业创新选择的分层影响随着企业进入动态的增强而增强。研究还发现，专业化集聚对在位企业创新率的正向影响效应随着企业净进入率的提高而显著减弱，相关多样化集聚对在位企业创新率的正向影响效应随着企业净进入率的提高而显著增强，这表明中国城市制造业集聚对在位企业创新率的差异性影响随着企业进入动态的增强而增大。

以上实证研究表明，中国城市制造业集聚对企业创新的积极影响因为普遍存在的"政策租"而发生改变，但其优势在对企业进入和企业退出动态影响方面得到了体现。中国城市制造业集聚会因为企业进入动态的存在而强化相互之间在企业创新选择上的分层，并通过循环累积的作用机制，发生"劣化降级"或"优化升级"的二元分化，这也是引发在位企业创新率差异性扩大的一个重要原因。

本书的研究从静态视角扩展到动态视角，不仅解释了现实经济中由政府主导的产业集聚形式在发展之初与成熟阶段对企业创新并不完全相同的影响机制，还从集聚环境"升级"角度为当前中国城市制造业集聚面临的现实困境提供了政策启示。

7.2　政　策　建　议

本书的研究结论为激发企业创新活性、促进产业转型升级和增强产业集聚的组织优势进而激励企业的自主创新意愿提供了启示，为地方政府制定恰当的产业发展政策、激励企业创新以及创造便利的制度条件等方面提供了有益的启示。

7.2.1　政府职能视角下的政策建议

既然政府职能的错位导致大规模依赖"政策租"发展起来的产业集聚对企业的低端创新造成了锁定影响，那么如果要改变这种普遍现象，就需要从转变政府职能的源头入手。积极的政府介入能够为产业集聚发展创造有利的市场与制度环境，有利激发企业的创新活力。这意味着，厘清政府和市场边界，直接影响着产业集聚的组织质量与产业升级目标的实现。

第一，消除不合理的政府干预，精准产业集聚的发展定位。在产业集聚形成之初，地方政府应普遍消除以产业优惠政策和行政性直接干预为主强力推动产业集聚的做法，取而代之的是应根据本地要素资源禀赋及本地的比较优势条件有选择性地推动产业集聚，做到对产业集聚区的发展方向和规划功能精准定位。在产业集聚发展阶段，政府要注重培育产业集聚的市场力量，积极引导具有产业关联性强的企业入驻产业园区，形成技术相关、产品互补的产业结构。

第二，加强产业集聚区的政府服务能力渗透。完善产业集聚区政府配套服务，提升服务效率。提升在市场准入方面对企业的服务效率，加强产业集聚区内企业生产运营能够顺利进行的支持力度，在产业集聚园区形成"一站式"综合服务功能。针对中国制造业产业集聚中普遍存在的企业产品创新不足的问题，地方政府在实施产业集聚政策时还应积极发挥政府的服务功能，为集聚区内企业的技术创新提供有利的制度环境。例如提高市场管制对假冒伪劣产品的打击力度；完善产权保护制度；通过制定相应的法律政策提高企业的假冒成本；建立旨在促进产业集群发展的公共服务平台，提供专门性的金融支持，从而为企业增加研发投入必要的资本积累。另外，地方政府还可以采取发展风险投资的方式对不同的企业创新活动给予差异化的金融支持，引导金融创新与科技创新相互结合，提高产业集聚的整体效率和升级潜力。

第三，逐步引导产业集聚中企业的创新升级。针对产业集聚中产品创新不足特别是高技术产业并未表现出其应有的创新优势的现象，地方政府在实施产业集群政策时应纠正其负面的学习效应。特别是，在扶持高新技术产业发展时应注重对中小成长性企业发展的支持。地方政府应正确引导企业技术创新模式的选择，设立专项科技创新基金，加强重点产业与高校、研究机构或国外企业建立合作伙伴关系，健全产业集聚的创新服务体系，以合作共赢为前提，以技术资源共享为产业发展助力，为区内企业营造良好的创新生态环境。

7.2.2 产业外部性视角下的政策建议

第一，避免过度专业化的发展路径，引导单一专业化向多样化产业集聚过渡。由于专业化集聚和多样化集聚都会给企业带来额外利益，但相关多样化集聚环境有利于增强企业的高端创新选择，而专业化集聚环境容易产生自我闭锁、衰退乃至创新活力丧失等结果，所以应避免过度专业化。

产业集聚趋向最优水平的发展过程都对应着单一专业化集聚向专业化、多样化产业集聚并存的过程。要在专业化集聚区内培育和发展关联性强的产业，引导具有产业间强技术关联性或中间投入品共享效应的企业入驻集聚区，鼓励产业间合作和技术交流，构建技术相关、产品互补的产业结构，提高集聚区企业的整体创新活力。

第二，依托于产业集聚环境升级提高企业创新活力。城市功能和区域发展赋予产业集聚环境的金融和政策环境等特征都是影响企业创新升级的重要因素，以产业集聚环境升级推动企业创新升级是"企业—城市—区域"的协同性升级的重要表现。作为政策型产业集聚载体的开发区所经历的多次转型就是集聚环境演化的典型例证，与城市融合发展成为产业集聚演化的主要趋势与特征。早期的开发区还不能算是完全意义上的产业集聚，转型恰恰是集聚环境形成与完善的过程。缩小产业集聚与城市化融合发展能力存在的现实差异，进而消除产业集聚因内在发展动力、开放程度以及所在城市经济发展和服务水平的差异而出现分化的现象是一个重要的努力方向。

7.2.3　企业动态视角下的政策建议

第一，努力减小企业进入动态的结构性差异。杨畅等（2013）对高技术开发区的研究显示，城市贸易开放水平显著推动了高新区经营绩效的增长，却对其创新绩效的影响并不显著。这一发现启示我们，当产业集聚融入城镇化战略时，企业的进入动态会比较看重城市发展的基础与前景，嵌入城市化的产业集聚将因为具有倾向性的企业进入动态而在发展环境上呈现出明显的分化。这意味着，"后政策租"时代的集聚效应即便得到了释放，也并不可能均衡存在。

第二，在以创新为目的的企业进入环节增强差异化的制度供给。针对企业进入动态背景下产业集聚环境对创新选择分层影响逐渐增强的趋势，地方政府应通过积极有效的制度建设调节企业的进入动态，弥补市场机制的不足。对于专业化集聚环境，同类企业的入驻会加剧竞争效应和拥挤效应，因此引进差异化企业、发展关联性产业就显得非常重要。为此，政府可以在产品市场准入方面加强对山寨、假冒产品的管制，在市场准入方面加强对企业审批及许可证的有效管制。而对于多样化集聚环境，地方政府应兼顾对中小成长型企业的扶持，以产业链为发展依托，兴建技术共享的创新平台，营造良好的创新创业氛围。最后，以城市为产业集聚升级的功能支撑，发展有利于制造业升级的支持性生产服务业，特别是那些专门服务于知识流动、技术交易的市场主体、功能性机构及相关行业部门，都是产业集聚形态的开发区成功转型的必要条件。

7.3　不足与展望

7.3.1　不足之处

第一，政府主导型和市场诱致型产业集聚在实证研究中难以准确区分，是本书的不足之处。由于产业集聚早期发展演化在很大程度上依赖于中国的政府干预，但随着市场化程度的提高，产业集聚逐渐进入了一个自我演化的后"政策租"时代。且政府干预和市场化对产业集聚效应的影响可能存在交互作用，所以即使通过实证检验也无法确定哪种是根源性因素。并且，作为产业政策实施的产物，有些政府干预促进了产业集聚形成和发展，有些则干扰了市场机制，导致产业要素资源误置后形成"虚假产业集聚"。产业集聚对企业创新的影响效应是不同政策及市场化影响后的综合表现，虽然本章能够尽可能地控制市场化的影响，但并不能区分不同"政策租"引致的影响，这是本书的不足之处。

第二，没有构建不同类型的产业集聚与企业创新之间关系的理论模型，是本书的不足之处。从企业动态的新视角研究产业集聚对企业创新的动态影响，运用理论模型进行推导存在不足。与新新经济地理学和新熊彼特经济增长理论视角下的企业进入和企业退出对生产效率影响不同，本书关注的重点是企业进入动态的结构性差异及其累积产生的影响对在位企业创新的影响，即考虑企业动态及其影响条件下产业集聚演化对企业创新的影响如何发生改变。模型推导出了产业集聚与企业进入率之间的关系，得出企业进入动态影响下产业集聚对企业创新的影响关系有何变化，但未对不同类型产业集聚变量的理论模型演绎进行分析。虽然在理论机制分析中本书通过逻辑演绎推导出相关命题，但理论模型的缺失仍是本书的不足之处。

第三，由于数据缺失，本书实证研究只能采取 1998～2010 年样本时期，在分析问题的现实性方面显然存在不足。本书就中国城市制造业集聚对企业创新的静态和动态效应进行实证检验，均得到了较为理想的实证结果。但由于数据样本时期存在滞后，对于当下经济问题的分析的准确性可能存在一定差距。

7.3.2　研究展望

第一，理论模型进一步细化和扩展。本书通过构建理论模型，得到了有关产业集聚度与在位企业创新率之间关系、产业集聚度与企业进入率之间关系以及企业进入率变动时产业集聚度对在位企业创新率影响的变动关系。随着产业集聚研究的不断发展和细化，如何将不同的产业集聚类型引入到模型，并对其影响关系进行差异化的分析是未来研究可以进一步拓展的空间。这对产业集聚问题研究的进一步深化具有重要意义，对理论和机制、经验分析研究的统一具有重要意义。

第二，追踪数据、经验研究有待于进一步细化。本书的实证研究选取了 1998～2007 年中国工业企业数据库微观数据和 2012 年世界银行公布的中国企业营商环境的调查数据，样本时期无疑存在一定的滞后性。如果能够克服样本数据的限制，未来研究可以在研究空间单元上进一步细化至县域空间单元，在研究时期上进一步贴合现实，在研究问题上进一步分析产业、地区、城市规模、企业规模等异质性特征对企业创新模式的影响，但这需要长时间的追踪调查数据。

第三，本书的研究不仅仅局限于企业寻租行为惯性以及产业集聚环境升级困难所造成企业"创新惰性"的锁定约束，其背后折射出了地区和城市之间发展的不平衡问题，同时也包括产业集聚与城市化融合发展的能力存在着现实差异的问题。如何重塑政府职能，加强集聚区的政府能力渗透，健全市场功能，消除不合理的政府干预，加强产业集聚之间的合作，逐步引导产业集聚中企业的创新升级，是未来发展的主要方向。

参 考 文 献

[1] 白俊红、卞元超：《要素市场扭曲与中国创新生产的效率损失》，载于《中国工业经济》2016 年第 11 期。

[2] 薄文广：《外部性与产业增长——来自中国省级面板数据的研究》，载于《中国工业经济》2007 年第 1 期。

[3] 陈建军、陈国亮、黄洁：《新经济地理学视角下的生产性服务业集聚及其影响因素研究——来自中国 222 个城市的经验证据》，载于《管理世界》2009 年第 4 期。

[4] 陈良文、杨开忠、沈体雁、王伟：《经济集聚密度与劳动生产率差异——基于北京市微观数据的实证研究》，载于《经济学（季刊）》2008 年第 1 期。

[5] 陈强远、林思彤、张醒：《中国技术创新激励政策：激励了数量还是质量》，载于《中国工业经济》2020 年第 4 期。

[6] 陈艳莹、原毅军、游闽：《中国服务业进入退出的影响因素——地区和行业面板数据的实证研究》，载于《中国工业经济》2008 年第 10 期。

[7] 陈长石、吴晶晶、刘和骏：《转型期中国制造业产业集聚分布特征及动态演进——兼论 EG 指数衡量产业集聚的有效性》，载于《财经问题研究》2016 年第 1 期。

[8] 戴魁早、刘友金：《要素市场扭曲与创新效率——对中国高技术产业发展的经验分析》，载于《经济研究》2016 年第 7 期。

[9] 戴小勇、成力为：《产业政策如何更有效：中国制造业生产率与加成率的证据》，载于《世界经济》2019 年第 3 期。

[10] 董晓芳：《企业家精神、企业生命周期和聚集经济》，西南财经大学，2012 年。

[11] 杜传忠、郭树龙：《中国服务业进入退出影响因素的实证分

析》，载于《中国工业经济》2010年第10期。

[12] 范剑勇：《产业集聚与地区间劳动生产率差异》，载于《经济研究》2006年第11期。

[13] 范剑勇、冯猛、李方文：《产业集聚与企业全要素生产率》，载于《世界经济》2014年第5期。

[14] 傅江帆、贺灿飞、沈昊婧：《中国城市生产效率差异——集聚效应还是企业选择效应?》，载于《城市发展研究》2013年第4期。

[15] 傅十和、洪俊杰：《企业规模、城市规模与集聚经济——对中国制造业企业普查数据的实证分析》，载于《经济研究》2008年第11期。

[16] 高丽娜、卫平：《中国高端制造业空间结构变动的实证研究：2003~2009》，载于《工业技术经济》2012年第1期。

[17] 郭琪、贺灿飞：《演化经济地理视角下的技术关联研究进展》，载于《地理科学进展》2018年第2期。

[18] 韩永辉、黄亮雄、王贤彬：《产业政策推动地方产业结构升级了吗?——基于发展型地方政府的理论解释与实证检验》，载于《经济研究》2017年第8期。

[19] 贺灿飞、郭琪等：《集聚经济、技术关联与中国产业发展》，经济科学出版社2016年版。

[20] 贺灿飞、谢秀珍：《中国制造业地理集中与省区专业化》，载于《地理学报》2006年第2期。

[21] 霍春辉、杨锐：《集聚外部性对产业创新绩效的影响》，载于《经济管理》2016年第3期。

[22] 季书涵、朱英明、张鑫：《产业集聚对资源错配的改善效果研究》，载于《中国工业经济》2016年第6期。

[23] 贾俊雪：《税收激励、企业有效平均税率与企业进入》，载于《经济研究》2014年第7期。

[24] 江飞涛、李晓萍：《直接干预市场与限制竞争：中国产业政策的取向与根本缺陷》，载于《中国工业经济》2010年第9期。

[25] 靳涛：《引资竞争、地租扭曲与地方政府行为——中国转型期经济高速增长背后的"不和谐"分析》，载于《学术月刊》2008年第3期。

[26] 黎斌、贺灿飞、周沂：《相关多样化、地方政府竞争与中国重化工业企业动态》，载于《经济地理》2016 年第 6 期。

[27] 李福柱、厉梦泉：《相关多样性、非相关多样性与地区工业劳动生产率增长——兼对演化经济地理学理论观点的拓展研究》，载于《山东大学学报（哲学社会科学版）》2013 年第 4 期。

[28] 李金滟、宋德勇：《专业化、多样化与城市集聚经济——基于中国地级单位面板数据的实证研究》，载于《管理世界》2008 年第 2 期。

[29] 李俊青、刘帅光、刘鹏飞：《金融契约执行效率、企业进入与产品市场竞争》，载于《经济研究》2017 年第 3 期。

[30] 李坤望、蒋为：《市场进入与经济增长——以中国制造业为例的实证分析》，载于《经济研究》2015 年第 5 期。

[31] 李平、简泽、江飞涛：《进入退出、竞争与中国工业部门的生产率——开放竞争作为一个效率增进过程》，载于《数量经济技术经济研究》2012 年第 9 期。

[32] 李晓萍、李平、吕大国：《经济集聚、选择效应与企业生产率》，载于《管理世界》2015 年第 4 期。

[33] 李彦龙：《税收优惠政策与高技术产业创新效率》，载于《数量经济技术经济研究》2018 年第 1 期。

[34] 李玉红、王皓、郑玉歆：《企业演化：中国工业生产率增长的重要途径》，载于《经济研究》2008 年第 6 期。

[35] 李跃：《"市场失灵要素"、地区企业进入与产业结构》，载于《产业经济研究》2017 年第 5 期。

[36] 梁琦：《中国工业的区位基尼系数——兼论外商直接投资对制造业集聚的影响》，载于《统计研究》2003 年第 9 期。

[37] 梁琦、李晓萍、简泽：《异质性企业的空间选择与地区生产率差距研究》，载于《统计研究》2013 年第 6 期。

[38] 林炜：《企业创新激励：来自中国劳动力成本上升的解释》，载于《管理世界》2013 年第 10 期。

[39] 林志帆、刘诗源：《税收负担与企业研发创新——来自世界银行中国企业调查数据的经验证据》，载于《财政研究》2017 年第 2 期。

[40] 刘海洋、刘玉海、袁鹏：《集群地区生产率优势的来源识别：集聚效应抑或选择效应？》，载于《经济学（季刊）》2015 年第 2 期。

［41］刘修岩：《集聚经济与劳动生产率：基于中国城市面板数据的实证研究》，载于《数量经济技术经济研究》2009年第7期。

［42］路江涌、陶志刚：《中国制造业区域聚集及国际比较》，载于《经济研究》2006年第3期。

［43］罗勇、曹丽莉：《中国制造业集聚程度变动趋势实证研究》，载于《经济研究》2005年第8期。

［44］毛其淋：《要素市场扭曲与中国工业企业生产率——基于贸易自由化视角的分析》，载于《金融研究》2013年第2期。

［45］毛其淋、盛斌：《中国制造业企业的进入退出与生产率动态演化》，载于《经济研究》2013年第4期。

［46］毛其淋、许家云：《市场化转型、就业动态与中国地区生产率增长》，载于《管理世界》2015年第10期。

［47］茅锐：《产业集聚和企业的融资约束》，载于《管理世界》2015年第2期。

［48］聂辉华、江艇、杨汝岱：《中国工业企业数据库的使用现状和潜在问题》，载于《世界经济》2012年第5期。

［49］彭红星、王国顺：《中国政府创新补贴的效应测度与分析》，载于《数量经济技术经济研究》2018年第1期。

［50］彭向、蒋传海：《产业集聚、知识溢出与地区创新——基于中国工业行业的实证检验》，载于《经济学（季刊）》2011年第3期。

［51］钱学锋、黄玖立、黄云湖：《地方政府对集聚租征税了吗？——基于中国地级市企业微观数据的经验研究》，载于《管理世界》2012年第2期。

［52］钱雪松、康瑾、唐英伦、曹夏平：《产业政策、资本配置效率与企业全要素生产率——基于中国2009年十大产业振兴规划自然实验的经验研究》，载于《中国工业经济》2018年第8期。

［53］任曙明、张静：《补贴、寻租成本与加成率——基于中国装备制造企业的实证研究》，载于《管理世界》2013年第10期。

［54］邵朝对、苏丹妮、李坤望：《跨越边界的集聚：空间特征与驱动因素》，载于《财贸经济》2018年第4期。

［55］邵宜航、李泽扬：《空间集聚、企业动态与经济增长：基于中国制造业的分析》，载于《中国工业经济》2017年第2期。

[56] 沈鸿、向训勇：《专业化、相关多样化与企业成本加成——检验产业集聚外部性的一个新视角》，载于《经济学动态》2017 年第 10 期。

[57] 沈能、赵增耀、周晶晶：《生产要素拥挤与最优集聚度识别——行业异质性的视角》，载于《中国工业经济》2014 年第 5 期。

[58] 师博、沈坤荣：《政府干预、经济集聚与能源效率》，载于《管理世界》2013 年第 10 期。

[59] 石灵云、殷醒民、刘修岩：《产业集聚的外部性机制——来自中国的实证研究》，载于《产业经济研究》2007 年第 6 期。

[60] 史进、贺灿飞：《企业空间动态研究进展》，载于《地理科学进展》2014 年第 10 期。

[61] 苏丹妮、盛斌、邵朝对：《产业集聚与企业出口产品质量升级》，载于《中国工业经济》2018 年第 11 期。

[62] 苏红键、赵坚：《产业专业化、职能专业化与城市经济增长——基于中国地级单位面板数据的研究》，载于《中国工业经济》2011 年第 4 期。

[63] 孙祥栋、张亮亮、赵峥：《城市集聚经济的来源：专业化还是多样化——基于中国城市面板数据的实证分析》，载于《财经科学》2016 年第 2 期。

[64] 孙晓华、柴玲玲：《相关多样化、无关多样化与地区经济发展——基于中国 282 个地级市面板数据的实证研究》，载于《中国工业经济》2012 年第 6 期。

[65] 孙晓华、郭旭：《工业集聚效应的来源：劳动还是资本》，载于《中国工业经济》2015 年第 11 期。

[66] 孙元元、张建清：《中国制造业省际间资源配置效率演化：二元边际的视角》，载于《经济研究》2015 年第 10 期。

[67] 谭洪波：《细分贸易成本对中国制造业和服务空间集聚影响的实证研究》，载于《中国工业经济》2013 年第 9 期。

[68] 唐根年、管志伟、秦辉：《过度集聚、效率损失与生产要素合理配置研究》，载于《经济学家》2009 年第 11 期。

[69] 万道侠、胡彬：《产业集聚、金融发展与企业的"创新惰性"》，载于《产业经济研究》2018 年第 1 期。

［70］万道侠、胡彬、李叶：《相关多样化、无关多样化与城市创新——基于中国282个地级城市面板数据的实证》，载于《财经科学》2019年第5期。

［71］万华林、陈信元：《治理环境、企业寻租与交易成本——基于中国上市公司非生产性支出的经验证据》，载于《经济学（季刊）》2010年第2期。

［72］王俊松：《集聚经济、相关性多样化与城市经济增长——基于279个地级及以上城市面板数据的实证分析》，载于《财经研究》2016年第5期。

［73］王可、李连燕：《"互联网＋"对中国制造业发展影响的实证研究》，载于《数量经济技术经济研究》2018年第6期。

［74］王文春、荣昭：《房价上涨对工业企业创新的抑制影响研究》，载于《经济学（季刊）》2014年第2期。

［75］王文雯、金祥荣、朱希伟：《新新经济地理学视角下企业效率的影响机制》，载于《统计研究》2015年第7期。

［76］王业强、魏后凯：《产业特征、空间竞争与制造业地理集中——来自中国的经验证据》，载于《管理世界》2007年第4期。

［77］王永进、张国峰：《开发区生产率优势的来源：集聚效应还是选择效应？》，载于《经济研究》2016年第7期。

［78］王永培、晏维龙：《产业集聚的避税效应——来自中国制造业企业的经验证据》，载于《中国工业经济》2014年第12期。

［79］魏后凯：《论中国产业集群发展战略》，载于《河南大学学报（社会科学版）》2009年第1期。

［80］温忠麟、叶宝娟：《中介效应分析：方法和模型发展》，载于《心理科学进展》2014年第5期。

［81］文东伟、冼国明：《中国制造业产业集聚的程度及其演变趋势：1998～2009年》，载于《世界经济》2014年第3期。

［82］吴福象、刘志彪：《城市化群落驱动经济增长的机制研究——来自长三角16个城市的经验证据》，载于《经济研究》2008年第11期。

［83］吴晗、段文斌：《银行业市场结构、融资依赖与中国制造业企业进入——最优金融结构理论视角下的经验分析》，载于《财贸经

济》2015 年第 5 期。

[84] 吴利学、魏后凯：《产业集群研究的最新进展及理论前沿》，载于《上海行政学院学报》2004 年第 3 期。

[85] 吴敏、黄玖立：《省级开发区、主导产业与县域工业发展》，载于《经济学动态》2017 年第 1 期。

[86] 吴三忙：《中国制造业企业的进入与退出决定因素分析》，载于《产业经济研究》2009 年第 4 期。

[87] 吴三忙、李善同：《专业化、多样化与产业增长关系——基于中国省级制造业面板数据的实证研究》，载于《数量经济技术经济研究》2011 年第 8 期。

[88] 夏后学、谭清美：《简政放权与政府补贴如何影响技术创新》，载于《财贸经济》2017 年第 5 期。

[89] 谢里、罗能生：《中国制造业空间集水平及其演变趋势》，载于《科学学研究》2009 年第 12 期。

[90] 谢千里、罗斯基、张轶凡：《中国工业生产率的增长与收敛》，载于《经济学（季刊）》2008 年第 3 期。

[91] 徐维祥、汪彩君、唐根年：《中国制造业资本积累动态效率变迁及其与空间集聚关系研究》，载于《中国工业经济》2011 年第 3 期。

[92] 闫逢柱、乔娟：《产业集聚一定有利于产业成长吗？——基于中国制造业的实证分析》，载于《经济评论》2010 年第 5 期。

[93] 杨洪焦、孙林岩、吴安波：《中国制造业聚集度的变动趋势及其影因素研究》，载于《中国工业经济》2008 年第 4 期。

[94] 杨仁发：《产业集聚与地区工资差距——基于我国 269 个城市的实证研究》，载于《管理世界》2013 年第 8 期。

[95] 杨天宇、张蕾：《中国制造业企业进入和退出行为的影响因素分析》，载于《管理世界》2009 年第 6 期。

[96] 杨嬛、郑秀君、张学良：《空间产业密度与企业诞生：基于长三角地区的实证研究》，载于《财经研究》2012 年第 11 期。

[97] 叶宁华、包群、邵敏：《空间集聚、市场拥挤与我国出口企业的过度扩张》，载于《管理世界》2014 年第 1 期。

[98] 余明桂、范蕊、钟慧洁：《中国产业政策与企业技术创新》，载于《中国工业经济》2016 年第 12 期。

[99] 袁海红、张华、曾洪勇:《产业集聚的测度及其动态变化——基于北京企业微观数据的研究》,载于《中国工业经济》2014 年第9 期。

[100] 张卉:《产业分布、产业集聚与地区经济增长:来中国制造业的证据》,复旦大学,2007 年。

[101] 张杰、刘志彪、郑江淮:《中国制造业企业创新活动的关键影响因素研究——基于江苏省制造业企业问卷的分析》,载于《中国工商管理研究前沿》2009 年第 1 期。

[102] 张杰、宣璐:《中国的产业政策:站在何处?走向何方?》,载于《探索与争鸣》2016 年第 11 期。

[103] 张杰、周晓艳、李勇:《要素市场扭曲抑制了中国企业R&D?》,载于《经济研究》2011 年第 8 期。

[104] 张杰、周晓艳、郑文平、芦哲:《要素市场扭曲是否激发了中国企业出口》,载于《世界经济》2011 年第 8 期。

[105] 张文武、梁琦:《劳动地理集中、产业空间与地区收入差距》,载于《经济学(季刊)》2011 年第 2 期。

[106] 张延吉、吴凌燕、秦波:《北京市生产性服务业的空间集聚及影响因素——基于连续平面的测度方法》,载于《中央财经大学学报》2017 年第 9 期。

[107] 赵伟、隋月红:《集聚类型、劳动力市场特征与工资——生产率差异》,载于《经济研究》2015 年第 6 期。

[108] 赵勇、魏后凯:《政府干预、城市群空间功能分工与地区差距——兼论中国区域政策的有效性》,载于《管理世界》2015 年第 8 期。

[109] 郑江淮、高彦彦、胡小文:《企业"扎堆"、技术升级与经济绩效——开发区集聚效应的实证分析》,载于《经济研究》2008 年第5 期。

[110] 周圣强、朱卫平:《产业集聚一定能带来经济效率吗:规模效应与拥挤效应》,载于《产业经济研究》2013 年第 3 期。

[111] Cécile Batisse:《专门化、多样化和中国地区工业产业增长的关系》,载于《世界经济文汇》2002 年第 4 期。

[112] Aarstad, J., Kvitastein, O. A., Jakobsen, S. E., 2016, Related and Unrelated Variety as Regional Drivers of Enterprise Productivity

and Innovation: A Multilevel Study, *Research Policy*, Vol. 45, No. 4, pp. 844 – 856.

［113］Acemoglu, D. , Akcigit, U. , Bloom, N. , 2013, Innovation, Reallocation and Growth, *Social Science Electronic Publishing*, Vol. 23, No. 1, pp. 205 – 221.

［114］Acs, Z. J. , Audretsch, D. B. , 1989, Small – Firm Entry in US Manufacturing, *Economica*, Vol. 56, No. 222, pp. 255 – 265.

［115］Aghion, P. , Akcigit, U. , Howitt, P. , 2013, What Do We Learn from Schumpeterian Growth Theory?, *National Bureau of Economic Research*, No. 2, pp. 515 – 563.

［116］Aghion, P. , Blundell, R. , Griffith, R. , 2009, The Effects of Entry on Incumbent Innovation and Productivity, *Review of Economics and Statistics*, Vol. 91, No. 1, pp. 20 – 32.

［117］Aghion, P. , Blundell, R. , Griffith, R. , et al. , 2009, The Effects of Entry on Incumbent Innovation and Productivity, *Review of Economics and Statistics*, Vol. 91, No. 1, pp. 20 – 32.

［118］Aghion, P. , Harris, C. , Howitt, P. , 2001, Competition, Imitation and Growth with Step-by-Step Innovation, *Review of Economic Studies*, Vol. 68, No. 3, pp. 467 – 492.

［119］Aghion, P. , Howitt, P. , 1992, A Model of Growth through Creative Destruction, *Econometrica*, Vol. 60, No. 2, pp. 323 – 351.

［120］Ahn, S. , 2001, Firm Dynamics and Productivity Growth: A Review of Micro Evidence from OECD Countries, *Oecd Economics Department Working Papers*, https: //papers. ssrn. com/sol3/papers. cfm? abstract_id = 276669.

［121］Ahuja, K. G. , 2002, Something Old, Something New: A Longitudinal Study of Search Behavior and New Product Introduction, *The Academy of Management Journal*, Vol. 45, No. 6, pp. 1183 – 1194.

［122］Akcigit, U. , Kerr, W. R. , 2013, Growth through Heterogeneous Innovations, *SSRN Electronic Journal*, pp. 1 – 8.

［123］Alfaro, L. , Chen, M. X. , 2014, The Global Agglomeration of Multinational Firms, *Social Science Electronic Publishing*, Vol. 94, No. 2,

pp. 263 – 276.

[124] Antonietti, R. , Cainelli, G. , 2011, The Role of Spatial Agglomeration in a Structural Model of Innovation, Productivity and Export: A Firm-level Analysis, *Annals of Regional Science*, Vol. 46, No. 3, pp. 577 – 600.

[125] Arauzo – Carod, J. M. , Teruel – Carrizosa, M. , 2005, An Urban Approach to Firm Entry: The Effect of Urban Size, *Growth and Change*, Vol. 36, No. 4, pp. 508 – 528.

[126] Armington, C. , Acs, Z. J. , 2002, The Determinants of Regional Variation in New Firm Formation, *Regional Studies*, Vol. 36, No. 1, pp. 33 – 45.

[127] Arrow, K. , 1962, The Economic Implication of Learning by Doing, *Review of Economic Studies*, Vol. 29, No. 3, pp. 155 – 173.

[128] Baldwin, R. , Okubo, T. , 2006, Agglomeration, Offshoring and Heterogeneous Firms, CERP Discussion Paper, https://papers. ssrn. com/sol3/papers. cfm? abstract_id = 921078.

[129] Beaudry, C. , Schiffauerova, A. , 2009, Who's right, Marshall or Jacobs? The localization versus urbanization debate, *Research Policy*, Vol. 38, No. 2, pp. 318 – 337.

[130] Bishop, P. , Gripaios, P. , 2010, Spatial Externalities, Relatedness and Sector Employment Growth in Great Britain, *Regional Studies*, Vol. 44, No. 4, pp. 443 – 454.

[131] Blien, U. , Suedekum, J. , Wolf, K. , 2006, Local Employment Growth in West Germany: A Dynamic Panel Approach, *Labour Economics*, Vol. 13, No. 4, pp. 445 – 458.

[132] Boschma, R. , Minondo, A. , 2012, Navarro M. Related Variety and Regional Growth in Spain, *Papers in Regional Science*, Vol. 91, No. 2, pp. 241 – 256.

[133] Boschma, R. , 2005, Proximity and Innovation: A Critical Assessment, *Regional Studies*, Vol. 39, No. 1, pp. 61 – 74.

[134] Boschma, R. , Iammarino, S. , 2009, Related Variety, Trade Linkages, and Regional Growth in Italy, *Economic Geography*, Vol. 85,

No. 3, pp. 289 – 311.

[135] Boschma, R., Minondo, A., Navarro, M., 2013, The Emergence of New Industries at the Regional Level in Spain: A Proximity Approach Based on Product Relatedness, *Economic Geog-raphy*, Vol. 89, No. 1, pp. 29 – 51.

[136] Boschma, R. A., Wenting, R., 2007, The Spatial Evolution of the British Automobile Industry: Does Location Matter?, *Industrial and Corporate Change*, Vol. 16, No. 2, pp. 213 – 238.

[137] Brandt, L., Biesebroeck, J. V., Zhang, Y., 2012, Creative Accounting or Creative Destruction? Firm-level Productivity Growth in Chinese Manufacturing, *Journal of Development Economics*, Vol. 97, No. 2, pp. 339 – 351.

[138] Briant, A., Combos, P. P., Lafourcade, M., 2010, Dots to boxes: Do the Size and Shape of Spmial Units Jeopardize Economic Geography Esti-mations?, *Journal of Urban Economics*, Vol. 67, No. 3, pp. 156 – 189.

[139] Cainelli, G., Ganau, R., Iacobucci, D., 2016, Do Geographic Concentration and Vertically Related Variety Foster Firm Productivity? Micro – Evidence from Italy, *Growth and Change*, Vol. 47, No. 2, pp. 197 – 217.

[140] Cainelli, G., Leoncini, R., 1999, Externalities and Long-term Local Industrial Development. Some Empirical Evidence from Italy, *Revue Deconomie Industrielle*, Vol. 90, No. 1, pp. 25 – 39.

[141] Cainelli, G., Montresor, S., Marzetti, G. V., 2014, Spatial Agglomeration and Firm Exit a Spatial Dynamic Analysis for Italian Provinces, *Small Business Economics*, Vol. 43, No. 1, pp. 213 – 228.

[142] Carree, M. A., Verheul, I., Santarelli, E., 2011, Sectoral Patterns of Firm Exit in Italian Provinces, *Journal of Evolutionary Economics*, Vol. 21, No. 3, pp. 499 – 517.

[143] Castaldi, C., Frenken, K., Los, B., 2015, Related Variety, Unrelated Variety and Technological Breakthroughs: An analysis of US State – Level Patenting, *Regional Studies*, Vol. 49, No. 5, pp. 767 – 781.

[144] Chen, L., Lin, P., Song, F. M., et al., 2011, Manageri-

al Incentives, CEO Characteristics and Corporate Innovation in China's Private Sector, *Journal of Comparative Economics*, Vol. 39, No. 2, pp. 0 - 190.

[145] Combes, P. P, Duranton, G. , Gobillon, L. , 2012, The Productivity Advantages of Large Cities: Distinguishing Agglomeration from Firm Selection, *Econometrica*, Vol. 80, No. 6, pp. 2543 - 2594.

[146] De Groot, H. L. F. , Poot, J. , Smit, M. J. , 2016, Which Agglomeration Externalities Matter most and Why?, *Journal of Economic Surveys*, Vol. 30, No. 4, pp. 757 - 777.

[147] Delgado, M. , Porter, M. E. , Stern, S. , 2010, Clusters and entrepreneurship, *Journal of Economic Geography*, Vol. 10, No. 10, pp. 495 - 518.

[148] Devereux, M. P. , Grifith, R. , Simpson, H. , 2004, The Geographic Distribution of Poduction Activity in the UK, *Regional Science and Urban Economics*, Vol. 34, No. 5, pp. 533 - 564.

[149] Duetsch, L. , 1975, Structure, Performance, and the Net Rate of Entry into Manufacturing Industries, *Southern Economic Journal*, Vol. 41, No. 3, P. 450.

[150] Duranton, G. , Overman, H. G. , 2005, Testing for localization using micro-geographic data, *The Review of Economic Studies*, Vol. 72, No. 4, pp. 1077 - 1106.

[151] Duranton, G. , Overman, H. G. , 2008, Exploring the Detailed Location Patterns of U. K. Manufacturing Industries Using Micro - Geographic Data, *Journal of Regional Science*, Vol. 48, No. 1, pp. 213 - 243.

[152] Duranton, G. , Puga, D. , 2001, Nursery Cities: Urban Diversity, Process Innovation, and the Life Cycle of Products, *American Economic Review*, Vol. 91, No. 5, pp. 1454 - 1477.

[153] Duranton, G. , Puga, D. , 2006, Micro - Foundations of Urban Agglomeration Economics, *Social Science Electronic Publishing*, Vol. 4, No. 4, pp. 2063 - 2117.

[154] Ellison, G. , Glaeser, E. L. , 1997, Geographic Concentration in U. S. Manu-facturing Industries: A Dartboard Approach, *The Journal*

183

of Political Economy, Vol. 105, No. 5, pp. 889 – 927.

[155] Ellison, G. , Glaeser, E. , 1999, The Geographic Concentration of Industry: Does Natural Advantage Explain Agglomeration, *American Economic Review*, Vol. 89, No. 2, pp. 311 – 316.

[156] Ellison, G. , Glaeser, E. , Kerr, W. , 2010, What Causes Industry Agglomeration? Evidence from Coagglomeration Patterns, *American Economic Review*, Vol. 100, No. 3, pp. 1195 – 1213.

[157] Essletzbichler, J. , 2015, Relatedness, Industrial Branching and Technological Cohesion in US Metropolitan Areas, *Regional Studies*, Vol. 49, No. 5, pp. 752 – 766.

[158] Forslid, R. , Okubo, T. , 2014, Spatial Sorting with Heterogeneous Firms and Heterogeneous Sectors, *Regional Science & Urban Economics*, Vol. 46, No. 3, pp. 42 – 56.

[159] Foster, L. , Haltiwanger, J. , Syverson, C. , 2008, Reallocation, Firm Turnover, and Efficiency: Selection on Productivity or Profitability?, *American Economic Review*, Vol. 98, No. 1, pp. 394 – 425.

[160] Frenken, K. , Van Oort, F. G. , 2007, Thijs Verburg. Related Variety, Unrelated Variety and Regional Economic Growth, *Regional Studies*, Vol. 41, No. 5, pp. 685 – 697.

[161] Fristch, M. , Brixy, U. , Falck, O. , 2006, The Effect of Industry, Region and Time on New Business Survival a Multi-dimensional Analysis, *Review of Industrial Organization*, Vol. 28, pp. 285 – 306.

[162] Fujita, M. , Mori, T. , 2005, Transport Development and the Evolution of Economic Geography, *Portuguese Economic Journal*, Vol. 4, No. 2, pp. 129 – 156.

[163] Galliano, D. , Magrini, M. B. , Triboulet P. , 2015, Marshall's versus Jacobs' Externalities in Firm Innovation Performance: The Case of French Industry, *Regional Studies*, Vol. 49, No. 11, pp. 1840 – 1858.

[164] Glaeser, E. , Kallal, H. , Scheinkman, J. , Schleifer, A. , 1992, Growth in Cities, *Journal of Political Economy*, Vol. 100, No. 6, pp. 1126 – 1152.

[165] Gong, Y. Q. , 2004, Entry, Exit and the Dynamics of Produc-

tivity Growth in Chinese Manufacturing Industry, *Spanish Economic Review*, Vol. 6, No. 3, pp. 211 – 226.

[166] Guo, Q. , He, C. , 2017, Production Space and Regional Industrial Evolution in China, *Geo Journal*, Vol. 82, No. 2, pp. 379 – 396.

[167] Guo, Q. , He, C. , Li, D. , 2016, Entrepreneurship in China: The Role of Localisation and Urbanisation Economics, *Urban Studies*, Vol. 53, No. 12, pp. 2584 – 2606.

[168] Hartog, M. , Boschma, R. , Sotarauta, M. , 2012, The Impact of Related Variety on Regional Employment Growth in Finland 1993 – 2006: High – Tech versus Medium/Low – Tech, *Industry and Innovation*, Vol. 19, No. 6, pp. 459 – 476.

[169] Hassink, R. , Klaerding, C. , Marques, P. , 2014, Advancing Evolutionary Economic Geography by Engaged Pluralism, *Regional Studies*, Vol. 48, No. 7, pp. 1295 – 1307.

[170] Hayes, A. F. , 2013, Introduction to Mediation, Moderation, and Conditional Process Analysis: A Regression-based Approach, *Journal of Educational Measurement*, Vol. 51, No. 3, pp. 335 – 337.

[171] He, C. , Guo, Q. , Rigby, D. , 2015, Industry Relatedness, Agglomeration Externalities and Firm Survival in China, Papers in Evolutionary Economic Geography (PEEG), https: //ideas. repec. org/p/egu/wpaper/1528. html.

[172] He, C. , Yang, R. , 2016, Determinants of Firm Failure: Empirical Evidence from China, *Growth and Change*, Vol. 47, No. 1, pp. 72 – 92.

[173] Henderson, V. , Kuncoro, A. , Turner, M. , 1995, Industrial Development in Cities, *Journal of Political Economy*, Vol. 103, No. 5, pp. 1067 – 1090.

[174] Hidalgo, C. A. , Klinger, B. , Barabási, A. L. , 2007, The Product Space Conditions the Development of Nations, *Science*, Vol. 317, No. 5, pp. 482 – 487.

[175] Houdebine, M. , 1999, Concentration Géographique des Activitiés et Spécializationdes dé Partments Francais, *Regional Science and Urban Eco-*

nomics, Vol. 9, pp. 575 – 604.

[176] Jacobs, J., 1969, The Economy of Cities, *The Economy of Cities*. Random House, pp. 1018 – 1020.

[177] Jeong, K. Y., Masson, R. T., 1990, Market Structure, Entry, and Performance in Korea, *Review of Economics and Statistics*, Vol. 72, No. 3, pp. 455 – 462.

[178] Jovanovic, B., 1982, Selection and the Evolution of Industry, *Econometrica*, Vol. 50, No. 3, pp. 649 – 670.

[179] Ketelhöhn, N. W., 2006, The Role of Clusters as Sources of Dynamic Externalities in the US Semiconductor Industry, *Journal of Economic Geography*, Vol. 6, No. 5, pp. 679 – 699.

[180] Klette, T. J., Kortum, S., 2004, Innovating Firms and Aggregate Innovation, *Journal of Political Economy*, Vol. 112, No. 5, pp. 986 – 1018.

[181] Klier, T., Mcmillen, D. P., 2008, Evolving Agglomeration in the U. S. Auto Supp lier Industry, *Journal of Regional Science*, Vol. 48, No. 1, pp. 245 – 267.

[182] Kopczewska, K., Churski, P., Ocbojski, A., et al., 2019, SPAG: Index of Spatial Agglomeration, *Papers in Regional Science*, Vol. 98, No. 6, pp. 2391 – 2424.

[183] Krugman, P., 1991, *Geography and Trade*, MIT Press.

[184] Lee, B. S., Sosin, K., Hong, S. H., 2005, Sectoral Manufacturing Productivity Growth in Korean Regions, *Urban Studies*, Vol. 42, No. 42, pp. 1201 – 1219.

[185] Lentz, R., Mortensen, D. T., 2008, An Empirical Model of Growth through Product Innovation, *Econometrica*, Vol. 76, No. 6, pp. 1317 – 1373.

[186] Lin, H., Li, H., Yang, C., 2011, Agglomeration and Productivity: Firm-level Evidence from China's Textile Industry, *China Economic Review*, Vol. 22, No. 3, pp. 313 – 329.

[187] Lu, J., Tao, Z., 2009, Trends and Determinants of China's Industrial Agglomeration, *Journal of Urban Economics*, Vol. 65, No. 2,

pp. 167 – 180.

[188] Malpezzi, S. , 2010, Is It What We Do or How We Do It? New Evidence on Agglomeration Economies and Metropolitan Growth, *Real Estate Economics*, Vol. 32, No. 2, pp. 265 – 295.

[189] Mameli, F. , Iammarino, S. , Boschma, R. , 2012, Regional Variety and Employment Growth in Italian Labour Market Areas: Services versus Manufacturing Industries, Papers in Evolutionary Economic Geography, https: //eprints. bbk. ac. uk/8467/.

[190] Marrocu, E. , Paci, R. , Usai, S. , 2013, Productivity Growth in the Old and New Europe: The Role of Agglomeration Externalities, *Journal of Regional Science*, Vol. 53, No. 3, pp. 418 – 442.

[191] Marshall, A. , 1890, *Principles of Economics.* London: Mac Mil-lan.

[192] Martin, P. , Mayer, T. , Mayneris, F. , 2008, Spatial Concentration and Firm – Level Productivity in France, *Social Science Electronic Publishing*, Vol. 69, No. 2, pp. 182 – 195.

[193] Matlaba, J. V. , Holmes, M. , Mccann, P. , 2012, Agglomeration Externalities and 1981 – 2006 Regional Growth in Brazil, *Studies in Regional Science*, Vol. 42, No. 1, pp. 145 – 161.

[194] Mayer, W. J. , Chapp ell, W. F. , 1992, Determinants of Entry and Exit: An App lication of the Compounded Bivariate Poisson Distribution to U. S. Industries, 1972 – 1977, *Southern Economic Journal*, Vol. 58, No. 3, pp. 770 – 778.

[195] Nakajima, K. , Saito, Y. U. , Uesugi, I. , 2012, Measuring Economic Localization: Evidence from Japanese Firm – level Data, *Journal of the Japanese & International Economics*, Vol. 26, No. 2, pp. 201 – 220.

[196] Neffke, F. , Boschma, R. , 2011, How Do Regions Diversify over Time? Industry Relatedness and the Development of New Growth Paths in Regions, *Economic Geography*, Vol. 87, No. 3, pp. 237 – 265.

[197] Neffke, F. , Henning, M. , 2013, Skill Relatedness and Firm Diversification, *Strategic Management Journal*, Vol. 34, No. 3, pp. 297 – 316.

[198] Neffke, F. , Henning, M. , Boschma, R. , 2011, The Dy-

namics of Agglomeration Externalities along the Life Cycle of Industries, *Regional Studies*, Vol. 45, No. 1, pp. 49 – 65.

[199] Neffke, F., Henning, M., Boschma, R., 2012, The Impact of Aging and Industry Relatedness on Agglomeration Externalities: A Survival Analysis, *Journal of Economic Geography*, Vol. 12, No. 2, pp. 485 – 517.

[200] Nooteboom, B., Haverbeke, W. V., Duysters, G., 2007, Optimal Cognitive Distance and Absorptive Capacity, *Research Policy*, Vol. 36, No. 7, pp. 1016 – 1034.

[201] Okubo, T., Picard, P. M, Thisse, J. F., 2013, The Spatial Selection of Heterogeneous Firms, *Journal of International Economics*, Vol. 82, No. 2, pp. 230 – 237.

[202] Orr, D., 1974, The Determinants of Entry: A Study of the Canadian Manufacturing Industries, *Review of Economics and Statistics*, Vol. 56, No. 1, pp. 58 – 66.

[203] Ottaviano, G. I. P., 2012, Agglomeration, Trade and Selection, *Regional Science & Urban Economics*, Vol. 42, No. 6, pp. 987 – 997.

[204] Quatraro, F., 2010, Knowledge Coherence, Variety and Economic Growth: Manufacturing Evidence from Italian Regions, *Research Policy*, Vol. 39, No. 10, pp. 1289 – 1302.

[205] Reynolds, P., 1994, Autonomous Firm Dynamics and Economic Growth in the United States, 1986 – 1990, *Regional Studies*, Vol. 28, No. 4, pp. 429 – 442.

[206] Rigby, D. L., 2013, Technological Relatedness and Knowledge Space: Entry and Exit of US Cities from Patent Classes, *Regional Studies*, pp. 1 – 16.

[207] Romer, P. M., 1986, Increasing Returns and Long – Run Growth, *Journal of Political Economy*, Vol. 94, No. 5, pp. 1002 – 1037.

[208] Rosenthal, S. S., Strange, W. C., 2001, The Determinants of Agglomeration, *Journal of Urban Economics*, Vol. 50, No. 2, pp. 191 – 229.

[209] Scarpetta, S., Hemmings, P., Tressel, T., 2002, The Role of Policy and Institutions for Productivity and Firm Dynamics: Evidence from

Micro and Industry Data, OECD Economics Department Working Paper No. 329, https://papers. ssrn. com/sol3/papers. cfm? abstract_id = 308680.

[210] Schofi, T. , Brenner, T. , 2016, Detecting Spatial Clustering Using a Firm-level Cluster Index, *Regional Studies*, Vol. 50, No. 6, pp. 1054 – 1068.

[211] Scholl, T. , Brenner, T. , 2015, Optimizing Distance-based Methods for Large Datasets, *Journal of Geographical Systems*, Vol. 17, No. 4, pp. 333 – 351.

[212] Schumpeter J. A. , 1942, Capitalism, Socialism, and Democracy, *American Economic Review*, Vol. 3, No. 4, pp. 594 – 602.

[213] Schumpeter, Joseph, A. , 1934, *The Theory of Economic Development*, New York: Oxford University Press.

[214] Scitovsky, T. , 1954, Two Concepts of External Economies, *Journal of Political Economy*, Vol. 62, No. 2, pp. 143 – 151.

[215] Soest, D. , Gerking, S. , Van Oort, F. G. , 2002, Knowledge Externalities, Agglomeration Economics and Employment Growth in Dutch Cities, Tilburg University.

[216] Staber, U. , 2001, Spatial Proximity and Firm Survival in a Declining Industrial District: The Case of Knitwear Firms in Baden – Württemberg, *Regional Studies*, Vol. 35, No. 4, pp. 329 – 341.

[217] Tavassoli, S. , Carbonara, N. , 2014, The Role of Knowledge Variety and Intensity for Regional Innovation, *Small Business Economics*, Vol. 43, No. 2, pp. 493 – 509.

[218] Van der Panne, G. , 2004, Agglomeration Externalities: Marshall versus Jacobs, *Journal of Evolutionary Economics*, Vol. 14, No. 5, pp. 593 – 604.

[219] Van der Panne, G. , Van Beers, C. , 2006, On the Marshall – Jacobs controversy: It takes two to tango, *Industrial and Corporate Change*, Vol. 15, No. 5, pp. 877 – 890.

[220] Van Oort, F. G. , Atzema, O. A. L. C. , 2004, On the Conceptualization of Agglomeration Economics: The Case of New Firm Formation in the Dutch ICT Sector, *Annals of Regional Science*, Vol. 38, No. 2,

pp. 263 – 290.

[221] Van Oort, F. G. , Geus, S. D. , Dogaru, T. , 2015, Related Variety and Regional Economic Growth in a Cross – Section of European Urban Regions, *European Planning Studies*, Vol. 23, No. 6, pp. 1110 – 1127.

[222] Van Oort, F. G. , Stam, E. , 2005, Agglomeration Economics and Firm Growth: Testing for Spatial Externalities in the Dutch ICT Industry, *Innovation, Agglomeration, and Regional Competition*, pp. 346 – 374.

[223] Venables, A. J. , 2010, Productivity in Cities: Self-selection and Sorting, *Economics*, Vol. 11, No. 2, pp. 241 – 251.

[224] Viladecans – Marsal, E. , 2004, Agglomeration Economics and Industrial Location: City-level Evidence, *Journal of Economic Geography*, Vol. 4, No. 5, pp. 565 – 582.

[225] Wang, Y. , Ning, L. , Li, J. , et al. , 2014, Foreign Direct Investment Spillovers and the Geography of Innovation in Chinese Regions: The Role of Regional Industrial Specialization and Diversity, *Regional Studies*, Vol. 50, No. 5, pp. 1 – 18.

[226] Wen, M. , 2004, Relocation and Agglomeration of Chinese Industry, *Journal of Development Economics*, Vol. 73, pp. 329 – 347.

[227] Wennberg, K. , Lindqvist, G. , 2010, The effect of clusters on the survival and performance of new firms, *Small Business Economics*, Vol. 34, No. 3, pp. 221 – 241.

[228] Zhang, H. , 2015, How does agglomeration promote the product innovation of Chinese firms?, *China Economic Review*, Vol. 35, pp. 105 – 120.